黑龙江教育出版社

共和国的脊梁

"两弹一星"功勋谱

主编　李迅

书名题字　张爱萍

图书在版编目(CIP)数据

共和国的脊梁："两弹一星"功勋谱/李迅主编
哈尔滨:黑龙江教育出版社,2008.8
ISBN 7 – 5316 – 3750 – 2

Ⅰ.共…　Ⅱ.李…　Ⅲ.科学家—生平事迹—中国
Ⅳ.K826.1

中国版本图书馆 CIP 数据核字(2008)第 45332 号

共和国的脊梁："两弹一星"功勋谱
GONGHEGUO DE JILIANG:"LIANGDAN YIXING" GONGXUNPU
李　迅　主编

责任编辑　华　汉　鲁国艳
责任校对　宋舒白
出版发行　黑龙江教育出版社(哈尔滨市南岗区花园街 158 号)
印　　刷　黑龙江省文化印刷厂
开　　本　787×1092 毫米　1/16
印　　张　19.5
字　　数　320 千
版　　次　2008 年 9 月第 2 版
印　　次　2011 年 3 月第 3 次印刷
书　　号　ISBN 7 – 5316 – 3750 – 2/G · 2871
定　　价　36.00 元

黑龙江教育出版社网址:www.hljep.com.cn
如需订购图书,请与我社发行中心联系。联系电话:0451-82529593　82534665
如有印装质量问题,请与我社联系调换。联系电话:0451-82529347
如发现盗版图书,请向我社举报。举报电话:0451-82560814

共和国的脊梁

"两弹一星" 功勋谱

序 言

　　中华民族自古以来就有热爱祖国、热爱民族的优良传统，自古以来就具有强烈的民族自尊和自强不息的精神。为了民族的利益和尊严，中华民族的优秀分子可以抛头颅、洒热血，奉献一切在所不惜。这些优秀的思想品德和文化传统代代相传，才使我们的民族始终能够屹立于世界民族之林。这些美德和精神，在我们当代科学家的身上，在他们攻克科学堡垒、攀登科学高峰的过程中，得到了充分的体现。这是我们民族的骄傲。

　　"两弹一星"的研制成功，对于增强我国的国防实力，对于提高我国的国际地位，有着十分重要的意义。因此，1999年9月18日，中共中央、国务院和中央军委，对在"两弹一星"的研制过程中做出了突出贡献的23位科学家进行了隆重的表彰。这23位科学家堪称中华民族的脊梁和骄傲。为了报效国家和民族，他们中的许多人毅然放弃了国外优越的物质生活条件和工作条件，放弃了个人奋斗成名的机会，冲破重重阻挠，坚决回到祖国。为了国家和民族的利益，他们告别了繁华的城市，隐姓埋名，在人迹罕见的沙海荒漠，风餐露宿，在极其艰苦的条件下，克服了许多难以想像的困难。他们有人每天与放射性物质打交道，默默无闻地工作着、拼搏着，一干就是几年、十几年、几十年，把全部聪明才智乃至毕生精力都贡献给了祖国。有的科学家直至生命的最后一刻，还不为外人所知。他们不但奉献了自己，也奉献了家庭，奉献了后代。他们的高尚品德和奉献精神可歌可泣，他们的

共和国的脊梁

"两弹一星" 功勋谱

卓越功勋彪炳青史，他们是我们国家和民族的脊梁！为他们树碑立传是完全应该的。要让全社会都尊重他们，特别是要让广大青少年学习他们的精神，学习他们热爱祖国、无私奉献的优秀品德，学习他们不屈不挠、顽强拼搏的奋斗精神，从而激励广大青少年为振兴我们的国家和民族而努力奋斗。

青少年是祖国的未来、民族的希望，青少年的素质决定着我们民族的命运。当前，加强对青少年进行素质教育的任务迫在眉睫。素质教育首先是优秀思想品德的教育，要教育我们的青少年树立正确的人生观和价值观，懂得什么是美，什么是丑，什么是应该学习的，什么是应该批判的，使他们从小就树立起报效祖国和民族的雄心壮志。今天，社会环境纷繁复杂，打着各种漂亮招牌实际上兜售各种腐朽没落思想的"思潮"、"学说"时有出现。因此，向青少年大力宣传我国科学家们的崇高思想品德和爱国主义精神尤为重要。"两弹一星"科学家们用他们的青春、鲜血和生命塑造的"两弹一星"精神，是青少年学习的最好教材。

宣传好我们的科学家还有更重要的意义，那就是向世人昭示：我们中华民族有能力靠自己的努力攀登科学技术高峰，任何污蔑我们民族、诋毁我们形象的用心都是徒劳的；我们同样有能力教育好我们的下一代，用高尚的品德和美好的情感铸成我们民族明天的壮丽与辉煌！

李迅

2000 年 9 月

"两弹一星"功勋谱 目录 （以姓氏笔画为序）

LIANG DAN YI XIN

"两弹一星" 功勋谱 目 录 （以姓氏笔画为序）

欲木之长者，必固其根本，
欲流之远者，必浚其源泉。

于敏

天津市宁河县（原属河北省，1973年划归天津市）人。1926年生。中共党员。核物理学家。中国科学院院士。1949年在北京大学物理系攻读研究生并兼任助教，历任中国科学院近代物理研究所副研究员，第二机械工业部第九研究院理论部副主任、理论研究所副所长、所长，研究院副院长、院科技委副主任、院高级科学顾问等职。

他在氢弹原理研究中解决了热核武器物理学的一系列基础性问题，提出了从原理到构形基本完整的设想，对氢弹原理研究起到了关键的作用。后长期领导并参加核武器的理论研究和设计，解决了许多关键性的理论问题。从20世纪70年代起，在倡导、推动若干高科技项目的研究中，发挥了重要作用。

魂系紫烟

—— 核物理学家于敏的故事

这是一个令中华民族无比自豪的日子: 1967年6月17日, 在中国西部罗布泊大漠腹地, 骤然响起一声惊天撼地的雷鸣, 淡蓝色的天空中闪现出一团炽烈的火光, 迸射出比一千个太阳还亮的光芒, 翻卷的烈焰冲天而起, 形成一朵巨大的蘑菇状紫色烟云, 随即又变幻成五彩斑斓的草帽状并不断旋转着奔向苍穹——我国第一颗氢弹爆炸成功了。

爆炸当量是300万吨, 与理论设计完全一样!

32年后, 在人民大会堂举行的"表彰为研制'两弹一星'做出突出贡献的科技专家大会"上, 23位功勋卓著的科学家受到共和国的表彰。第一个走上主席台接受江泽民主席亲手授予的由550克黄金铸成的"两弹一星功勋奖章"的是著名核物理学家于敏。他依旧戴着当年那副深

1999年9月18日在表彰大会上代表23位受表彰的科学家讲话

1938年小学
毕业时(12岁)

度近视眼镜，眉宇间依旧透射着一个科学家特有的睿智，但是双鬓已经斑白，脸颊增添了几许岁月留下的印痕……

"中国'国产专家'一号"

于敏出身在一个贫穷的职员家庭。高中还没毕业，当小职员的父亲就失业了，家里无力供他继续求学。后来，在一位同学的父亲的帮助下，靠天津启新洋灰公司资助，18岁的于敏进入了北京大学工学院电机系学习。然而，对物理越来越痴迷的于敏，两年后辞谢了资助，每月靠仅能买一袋面粉的助学金转入理学院物理系，潜心探求物理学的奥秘。

于敏醉心于当时物理学前沿的"量子场论"，常常昼夜苦读，无论环境多么嘈杂，他总能潜心入境，乐在其中，遂得一雅号——"老夫子"。在学习讨论中，由于他见解独到，常常语惊四座。老师们说，在北大，多年没有见到这样的学生了。

1949年大学毕业后，于敏又以

在家乡宁河县上小学时于敏(右一)与小伙伴儿在一起

在北京大学理学院于敏（后排左一）与同学们在一起

"量子场论" 作为攻读研究生的专业方向，先后师从张宗燧、胡宁先生。在胡先生指导下，他完成了题为《核子非正常磁矩》的研究论文。

1951年，于敏从北大调到中国科学院近代物理所（即401所，现原子能科学研究院），专门从事我国科学发展的重点项目 "原子核理论" 研究。

接受任务的那天夜晚，于敏躺在单身宿舍的木板床上，辗转反侧，彻夜难眠。这是于敏50年科学生涯中的第一次转折。多年后，于敏在谈起那段经历时说："青年人选择职业和专业方向，首先要选择国家急需的。每个人的前途和命运都与国家的兴衰紧密地联系在一起，只有这样，才会有所作为，才会是一个无愧于祖国和民族的人。"

于敏的行动验证了他的豪言壮语。此后的10年，他一头钻进了当时国内科学研究的薄弱环节 ——"原子核理论"，把最绚烂的青春贡献给了祖国最需要的事业。不久，于敏为国家培养了数批从事这方面工作的科技人员。他与杨立铭教授合作举办了我国第一个原子核理论培训班，他们合著的《原子核理论讲义》成为我国第一部原子核理论专著。他在基础领域的研究工作和学术成果，达到了相当高的水平，也引起物理学界人士的瞩目。特别是他与合作者提出的原子核结构可以用玻色子近似的观念来逼近的观点，在学术思想上与后来日本著名科学家有马朗人（A.Arima）非常相似。

钱三强先生十分高兴地称赞他说："于敏填补了我国原子核理论的空白！"

物理学家彭桓武先生也评价说："于敏的工作是开创性的。他完全是靠自己的努力取得的，因为当时国内没有人会原子核理论。"

1956 年，刚刚步入而立之年的于敏被晋升为副研究员。

50 年代末，于敏坚实的理论基础以及解决实际问题的应变能力，受到国内外同行和前辈的关注与赞赏。

一次，在原子能所的学术报告大厅里坐满了专家、学者，其中包括一些青年科技工作者，人们正在专注地倾听一位法国科学家作"内康

满怀信心地走上工作岗位

普顿散射"的报告。当报告人把实验目的、装置过程介绍完时，于敏就对坐在自己旁边的青年物理学家何祚庥说："小何，这个实验反映的分支比是 $10^{-4} \sim 10^{-6}$。"他边说边往何祚庥的笔记本上写。何祚庥很奇怪，心想："还没有做实验，他怎么就知道结果了呢？"于是问道："你是怎么知道的？"

于敏说："先听报告，等散会再讨论。"

报告人讲到实验结果，果然不出于敏所料，分支比恰巧就在他所说的范围内。

何祚庥很惊讶。

"你是不是已经看过这方面的资料，事先就知道实验结果了？"

于敏微笑着说："没看过。"

何祚庥更纳闷了："那么，你是怎么知道的？"

"这是从物理问题的实质知道的。这就是理论物理中常用到的数量级分析方法。"

随后，于敏详尽地介绍了这种方法。他说："其实这种方法并不复杂，只要掌握了它的实质，就能很快估出它的数量级来。"

时隔几十年后，何院士回忆起与于敏一起工作的那段往事还十分兴奋。他说："于敏的物理分析方法

1957年于敏（中）与陆祖荫、何祚庥在一起

使我受益匪浅。那真是'与君一席谈，胜读十年书'啊！"

20世纪60年代初，丹麦著名核物理学家Ａ·玻尔访华。于敏向他提出一些不寻常的问题。其坚实的理论基础、有根有据的独特见解和敏锐的才思，使这位诺贝尔奖获得者大吃一惊。在短暂的接触中，他发现于敏是一位"出类拔萃的人"。

一次，一位日本科学家随代表团来中国访问，在听了于敏关于核物理方面的报告后，十分钦佩地问道："于先生是从国外哪所大学毕业的？"于敏幽默地说："在我这里，除了ABC之外，基本是国产的！"这位专家惊奇地赞叹道："你不愧是中国'国产专家'一号！"

要反对氢弹就得有氢弹

1941年，在被称为"原子弹之父"的奥本海默主持的一次原子弹讨论会上，世界著名核物理学家泰勒提出了关于氢弹的原理问题，与会者进行了热烈的讨论和大胆的设想，为人类研制氢弹提出了最初的预见。1945年7月16日，美国在西南部的新墨西哥州上空爆炸了地球上第一颗原子弹，人类从此便笼罩在核战争的烟云之下。1950年，在朝鲜战场上损兵折将的美军上将麦克阿瑟扬言，要对中国扔三十到五十颗原子弹。这年11月30日，美国总统杜鲁门又在记者招待会上宣称："一直在积极地考虑使用原子弹。"对于美国的核讹诈，毛泽东以他特有的胆略和气魄回答："原子弹是美国反动派用来吓人的一只纸老虎。"

在中央的一次全会上，毛泽东主席挥动着巨手说："原子弹就那么大一个东西，没有那个东西人家就说你不算数；在今天这个世界上，我们要不受人家欺负，就不能没有这

1958年2月于敏与夫人

潜心研究（在二机部九院）

个东西。"

1952年10月31日，美国研制的世界第一颗氢弹在太平洋的一个岛上爆炸成功，其威力相当于当年在广岛爆炸的原子弹的250倍。人类并不纯净的蓝天从此又多了一层核阴云。

中国面临着更大的核威胁。

法国著名科学家约里奥·居里1950年曾捎信给毛泽东主席："你们要反对原子弹，你们就必须拥有自己的原子弹。"中国要反对氢弹，就必须拥有自己的氢弹。共和国领导人在决定研制原子弹不久，又做出了研制氢弹的决策。国内一批优秀专家被集结在一起，踏上了探索氢弹奥秘的征程。

1961年1月12日，隆冬的一场大雪，裹着寒风，使北京转眼间变成了一片银色的世界。于敏踏着积雪，来到钱三强的办公室。他是应钱三强之约来进行密谈的。

"组织上打算让你参加热核原理研究。"钱三强开门见山地对于敏说。

于敏心里格登一下，颇感意外。此前，他一直做基础理论研究，热核原理研究其实就是氢弹原理研究，这是一项集体性、应用性很强的工作，这样的工作他还没干过。他还想解释什么，可一抬头就触到钱三强那有些灼人的目光，他一下掂出了组织决定的分量。

从钱三强的谈话里，于敏了解到，我国正在加紧研制第一颗原子弹，同时中央要求，氢弹的理论探索

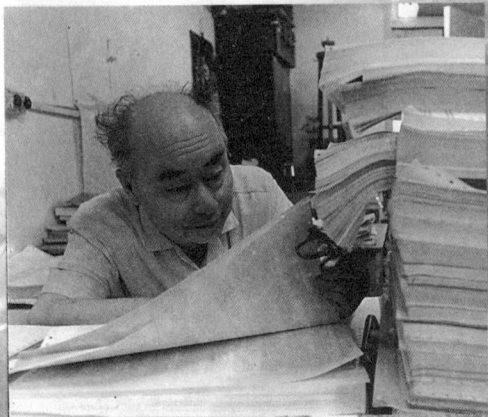

布满数以万计的蝇头小字的纸带堆得像小山一样高，于敏都要亲自审阅

也要先行一步，并明确提出，要赶在法国之前研制出氢弹。钱三强受命组织氢弹的原理研究工作，调兵遣将是他的第一任务。

"你不要有什么顾虑，我相信你一定能干好。"

于敏默默地点了点头。

接受任务后，于敏便从此隐姓埋名，投入到一个新的神圣的研究领域。

从一个纯理论的个体性强的基础理论研究领域，一下转移到多学科、应用性强的另一个完全陌生的群体性的大科学领域，这对于敏来说是个重大的转折，也是一个重新适应和学习的过程。当时，核大国对氢弹绝对保密，从外刊上见不到任何关于研制氢弹的蛛丝马迹。要想在短期内突破氢弹，只能从零开始。

于敏潜心研究，孜孜不倦。他从头学习了等离子体物理等相应的知识，并掌握了一些计算方法，很快进入了角色。

一次，大家从刊物上看到一则关于国外某项新的实验获得成功的报道。该实验太出人意料，数据非常理想。然而，它是否可信，还是个问题。一旦重复这一实验，必将耗费大量时间、人力、物力和财力。这份报道的真相到底如何，究竟值不值得重复实验，一时间众说纷纭，莫衷一是。

于敏苦苦思索了两天，便做了一次学术报告。他分析透彻，论证精辟，推理简便，很快便得出结论 —— 任何时间、任何情况下也达不到报道的效果！

最后，他郑重宣布："这是误导！我们根本没必要在这个问题上花费时间！"

于敏的结论，解开了大家心里的疑团。

氢弹理论研究非常复杂，没有大型高速计算机，很难开展工作。当时，国家的科研条件还很差，仅有每秒万次的"104型"电子管计算机，每周分给401所的机时也不过十几个小时。在这种情况下，氢弹的理论研究，必须要创出一条有自己特色的路子来。

凭着扎实的理论基础，于敏把众多纷繁复杂的物理问题逐一进行研究，依靠集体的力量，分段解决了大量的基础课题，从中发现有关物理现象，摸到了一些重要规律，为氢弹原理的理论探索奠定了不可缺少的应用基础。

当时，何祚庥的办公桌在于敏的前面。于敏的物理思想深入、透彻，解决问题深刻、快捷。何祚庥的思维则非常活跃，常提出这样或那样的"怪问题"。两人常常在一起争论，有时甚至争得面红耳赤。

其间，于敏在内部刊物上发表了两篇非常有实用价值的论文。其中提出的两个关键性结论，对401所

热核研究方向及后来的氢弹研究突破都起了重要作用。

也就是这两年，在他和黄祖洽、何祚庥的带领下，大家研究、分析了科研工作中的众多矛盾，摸索到了重要的规律，对几大关键现象做了多方面的研究，得出了许多被后来实验证实的重要结论。

比一千个太阳还亮

1964年10月16日，我国第一颗原子弹爆炸成功。

这一惊人消息在全世界引起轰动。西方大国的核竞赛愈演愈烈，法国也加快了研制氢弹的进程。

为了打破核垄断，赶在法国之前研制出氢弹，周恩来总理代表党

1984年于敏（左五）与胡仁宇（左一）、高潮（左二）、邓稼先（左三）、陈能宽（左四）在核实验基地

1989 年当选为全国劳动模范

中央和国务院下达任务：把氢弹的理论研究放在首位。

1965 年元月，毛泽东主席指示："原子弹要有，氢弹也要快。"

同年 1 月，于敏率三十多位年轻人从原子能所调到核武器研究院工作。他被任命为理论部副主任，与邓稼先、周光召、黄祖洽、周毓麟等几位专家和研究人员一起对氢弹进行多路探索，向氢弹原理的突破发起了总攻。

无数次的设想、辩论，再设想、再辩论，科学家们力图寻找最优方案。然而，氢弹比原子弹复杂得多，常常出现"山重水复疑无路"的情况。但是，大家的士气很高，每个人的心里都像燃着一团火。

那的确是理论部的黄金时代，科研大楼每晚都灿若白昼。彭桓武、邓稼先、周光召、黄祖洽、周毓麟等几位专家的学术报告一场接一场，

报告厅每每都被听众挤得水泄不通，连走廊里也坐满了人。

1965 年 9 月下旬，39 岁的于敏带领第 13 室 4 个组的科学工作者前往上海华东计算机研究所，完成利用该所的"J501"计算机对加强型原子弹模型进行优化设计的任务。

上海的一百天，是艰苦卓绝的一百天。在这一百天里，于敏与年轻的科研人员夜以继日地苦战在机房，一条条长龙似的打印纸带上，布满数以万计的蝇头小字。这些打印出的纸带，于敏都要亲自审阅。他检查物理图像，分析计算结果，解决疑难问题，一看就是几个小时，常常顾不上吃饭。大家帮他把饭打上来，他就一边吃一边研究。

参加执行任务的年轻人也是很出色的。只要在物理上找到毛病，作了修改，数学组的同志就很快编好程序上机计算。算出结果，再做物理分析。而每到一个研究关键，于敏必作报告。他的学术报告内容全面、系统，分析详尽、透彻，青年们都很爱听。他们说："于先生作报告不仅思想清晰，分析透彻，而且推理严密，语言简洁，表达力强。""听老于的报告，是一种享受！"

也就是在这令于敏毕生难忘的一百天里，他一面分析攻关中遇到

的新的物理问题，一面随时陆续做工作报告，组织讨论，并根据讨论中产生的新设想及时提出新课题。通过把基本理论与计算机运算相结合，丰富了对事物内在规律的认识，透过纸带和千变万化的物理现象，明确了热核材料在燃烧过程中某些重要特征与所释放能量之间的关系，找到了热核反应的条件，发现了造成自持热核反应条件的关键所在，攻下了氢弹原理设计的第一关。

这时，于敏开始对全过程进行物理分解和分析。他苦思冥想，做了许多估计。

10月下旬的一天，于敏应用物理分解方法，为青年科技人员做了一场"氢弹原理设想"的报告。他一环紧扣一环，一步逼近一步地进行精辟论证。会场鸦雀无声，青年们神情专注。开始大家都感到于敏的想法"非常新鲜"、"非常奇特"，又"非常出人意料"，但是，由于前一段工作摸索到了一定规律，渐渐地，他们又感到有据可循。后来，人们不仅信服了，而且充满了必胜的信心。

后来大家按于敏的部署，首先算出两个不同的模型，得到了十分满意的结果。大家又继续进行系统工作，发现了一批重要物理现象和规律。通过这段工作，形成了一套从原理到构型的基本完整的物理方案。

氢弹理论方案提出后，于敏和年轻人们沉浸在莫大的幸福之中。他们欢呼雀跃：

通力合作，夜以继日

11

"我们到底牵住了'牛鼻子'！"

大家拥着于敏七嘴八舌地喊："老于请客！""老于请客！"

大家十分激动，当即给身在北京的邓稼先打了一个耐人寻味的电话："老邓，我们几个人去打了一次猎……打到了一只松鼠……"

邓稼先听出是好消息，便问道："你们美美地吃了一顿野味？"

"不，现在还不能把它煮熟……要留作标本。"

"为什么？"

"我们有新奇的发现，它身体结构特别，需要作进一步的解剖研究，可是……我们人手不够。"

"好，我立即赶到你们那里去……"

上海传来的喜讯，使邓稼先兴奋得一夜没睡，第二天就乘飞机赶到了华东计算机所。这位德才兼备的"娃娃博士"（美国留学时师友们对他的爱称），既是博学的科研实干家，又是杰出的科研领导者和组织管理者。他一下飞机就直奔机房，兴奋得像个"大孩子头"似的，向大家鼓掌祝贺。于敏灵机一动，打趣地说："'财神爷'驾到，该谁请客？"

年轻人一见老领导来了，便一窝蜂似地围上邓稼先，嘻嘻哈哈地叫起来："该老邓请客！""老邓请客！"

老邓高兴得合不拢嘴，笑容可掬地忙碌着，又是递烟，又是撒糖。按老习惯，邓稼先和于敏带大家外出，谁工资高谁请客。这次，邓稼先

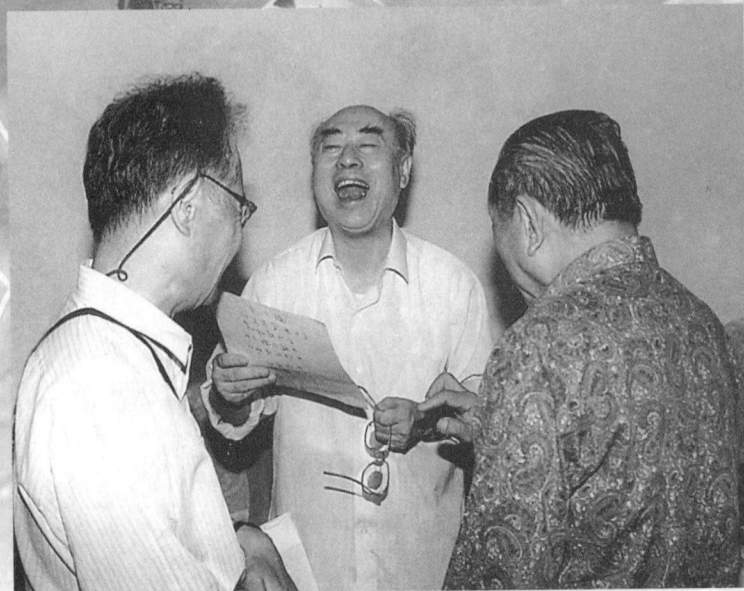

在祝贺于敏70岁生日之际，彭桓武先生赋诗一首，于敏读诗开怀大笑

与老伴在大连

更是心甘情愿了。晚上，他们在一家餐厅美美地吃了一顿螃蟹。

不久，于敏奔赴青海基地，向各级领导作了一次详尽、通俗的学术报告。"理论部和实验部的同志共同讨论了技术与核测试问题。领导作出以新方案为主的决策。这个决策非常重要。因为，形势逼人，'文革'已经开始，再稍有推迟，后果可能不堪设想。"于敏至今对那段经历记忆犹新。

于是，在不足半年的时间里，理论部、实验部和几个研究所的同志精诚团结，通力合作，夜以继日地开始了又一场攻坚战，取得了重大进展。

1966年12月28日，随着罗布泊的一声巨响，氢弹原理试验获得成功。这表明我国氢弹研制中的关键科学技术问题已获得解决，实现了氢弹原理的突破。氢弹试验指日可待。

九院开始了最后的冲刺。经过半年多的艰苦努力，各项难题被一一攻破，进一步的考验来临了。

1967年6月17日，这是大漠深处的一个艳阳天。同志们等在隐蔽室里，像母亲聆听孩儿的第一声清啼一样，怀着一种特殊的感情静候着那个关键的时刻。

起爆的时间到了，大漠腹地，参试人员看到了一幅奇伟的景象。两颗太阳一大一小同时悬挂在碧空之中……绚丽多彩，交相辉映。霎时

1999年9月18日在表彰大会上受到江泽民同志的接见

间，"大太阳"迸射出比一千个太阳还亮的光芒，顷刻又变成一朵巨大的蘑菇云。蘑菇云下产生的强烈的冲击波卷起沙尘，呼啸着以摧枯拉朽之势肆虐在空旷的漠野，使人仿佛陷入一片茫茫的混沌之中——

顿时，大家陶醉了。一张张笑脸不知何时已挂满激动和喜悦的泪水。

从第一颗原子弹爆炸到氢弹爆炸，美国用了7年零3个月，前苏联用了4年，英国用了4年零7个月，法国则用了7年时间。我国以最快的速度完成了从原子弹到氢弹这两个发展阶段的跨越，仅用了2年零8个月。这不能不说是个奇迹。

多姿多彩的人生

科学家都有执着追求、埋头工作的特点，但并不都是"苦行僧"、"书呆子"。

于敏不仅学识渊博，工作勤奋，而且兴趣广泛。年轻时，他的桥牌、乒乓球玩得都很出色。昔日牌友说他"数学脑瓜真灵，打桥牌特能算计"。于敏还特别喜欢看京剧，还曾与邓稼先、何祚庥两位戏友一起到戏院门口"钓退票"。他们会察言观色，知道什么样的人，带着什么样的心情，有着什么样的表情才是前来退票的。于敏还爱看那些中国强项的体育比赛节目，尤其喜欢看中国女排姑娘们参加世界大赛的实况转播。于敏从小爱好古典文学，能整首整首地背诵古诗名篇。80年代在核试验场，因有所感，于敏与陈能宽一起，一人一句地背诵诸葛亮的《出师表》，从开篇一直背到结尾。两院士在等试验结果时，情急之下陈述胸怀，对诵《出师表》，一时间，在核武器研究院传为佳话。

氢弹攻关告一段落后，于敏抽暇与大家一起散步。有一天，他带大家去嘉定县城逛孔庙。一路上他谈笑风生，兴致颇高地与大家背古诗，讲《红楼梦》，聊《水浒》，论《三国》。在孔庙，他为大家作义务解说，介绍孔子，分析庙堂的对联，讲隐含在建筑中的历史故事。饿了，他就请大家吃地方风味小吃。

"当时的情景太让人难忘了，就像发生在昨天一样！"

几十年后的今天，那些两鬓秋霜的"青年们"回忆起与于敏一起工作战斗过的日子，都格外怀恋。他们说："我们这一辈子，跟着老于做这一件工作就值了！"

现在，于敏也已经74岁了。桥牌他已经多年不打了。疲乏时，他就在屋里打上三五分钟太极拳，他自称："点到为止，不入流。"

回首往事，于敏感慨不已："人到老年有个共性，对于每个学习工作过的地方都留恋难忘，林亭怀旧，频频回首，抚今思昔，感慨万千。我感触最深的是什么呢？是在工作中与大家亲密无间的合作。许多工作的合作，都引起我美好的回忆……"

祖孙对弈

承传辟新，寻优勇进。

王大珩

江苏省吴县人。1915年生。中共党员。光学专家。中国科学院院士，中国工程院院士。1936年毕业于清华大学物理系，1938年赴英国留学，攻读应用光学专业，获硕士学位。1942年被英国伯明翰昌斯公司聘为助理研究员。1948年回国。历任大连大学教授，中国科学院仪器馆馆长，长春光学精密机械研究所所长，中国科学院长春分院院长，国防科委十五院副院长，中国光学学会理事长，中国科学院技术科学部主任，国防军工科学研究委员会副主任。

他开拓并发展了靶场光学测试技术、激光技术及太阳地面模拟等光学技术。为配合我国中程地地导弹发射实验，他担任总工程师，成功地研制了大型精密靶场光测设备，满足了国防尖端武器试验的急需，为我国现代国防光学技术及光学工程的发展做出了杰出贡献。

光学世界觅奇葩

—— 光学专家王大珩的故事

1983年，美国总统里根出于威慑苏联和发展高科技以继续保持世界领先地位的目的，提出了著名的"星球大战计划"。针对美国的行动，西欧提出了"尤里卡"计划，日本、苏联也都拟定了相应的对策。

在这种形势下，我们国家应采取什么样的对策才能使我国现代化事业跟上世界先进水平呢？几位著名的科学家 —— "两弹一星"的元老们坐不住了，他们深感事情重大，刻不容缓，于是怀着急迫的心情于1986年3月2日联名向党中央提出了《关于跟踪研究外国战略性高技术发展的建议》，其主要内容是发展高新技术，培养后继人才，以有限的投入，取得最大的效益。

仅隔两天，即3月5日，邓小平同志就在建议上批示："这个建议十分重要"，"此事宜速作决断，不可拖

神奇、瑰丽的光学世界深深地吸引着王大珩

延!"随后，中共中央、国务院在1986年11月18日出台《高技术研究发展计划纲要》，这就是著名的"863"计划。这是一个国家规模的战略性高科技发展计划。

在提出"863"计划的科学家当中，便有被人们誉为"中国光学之父"的著名光学专家王大珩。他是我国"两弹一星"的功勋科学家，曾经取得震惊全国科技界的电子显微镜等8项科技成果，获得国内外科技界多项荣誉。他的名字和二十多个"中国第一"联系在一起，他的事迹被人们传颂着，成为人们学习的榜样。

王大珩生于日本。父亲王应伟毕业于日本东京物理学校，在日本中央气象台工作、深造。母亲原为上海一家幼稚园教师，与父亲结婚后去了日本。

儿子出生后，全家兴奋不已。父亲从浩瀚的汉字中，择取了一个极不常用的生僻字"珩"来为自己的儿子命名。"珩"字在辞典上有这样两种解释：一是形状像古代乐器磬的玉佩上面的横玉；二是珩磨，一种精密仪器的光整加工方法。不管父亲的主观意愿是什么，"珩"字的这两个互不相关的含义同时融入了儿子的生命之中，他终身都保持着对科学仪器和音乐艺术的浓厚兴趣。

襁褓之中（1915 年）

"光学" 魔术的魅力

1915年9月，在海外漂泊了整整8年的父亲，带着妻子和刚满6个月的儿子回到了祖国，也带回了那个始终珍存在他心中并支撑着他战胜许多困境的强国之梦。

王大珩在健康地成长着。上高小后不久，他就做出了引人注目的事儿。王大珩喜欢算术课，尤其喜欢听邵老师讲课。有一次，邵老师讲课讲到兴起之处，竟在这个高小一年级的班级的黑板上出了一道高小三年级的算术题，问哪个学生敢上来试着做一做。全班哑然，半天没人应声。沉默了一会儿，王大珩突然站起来，低声说自己想试试。在众目睽睽之下，他踩着板凳够上了黑板，竟然准确地把题做了出来。邵老师惊讶不已，他瞪大了眼睛，啧啧称叹。这道题原是邵老师给他兼课的高小三年级出的，当时这个班没有一个人会做，没想到瘦小的王大珩完全做对了。邵老师便仔细盘问原委，小大珩吭吭哧哧告诉老师算术课讲得太慢了，自己总忍不住翻后面的书看。"就这？"邵老师问。大珩点头答道："就这。"邵老师知道他不是一般的孩子。

父亲由此开始关注儿子的教育，而儿子也挺喜欢父亲讲"事儿"。这"事儿"算不上故事，是父亲想起什么就随口讲点儿什么，内容既有天文地理的，也有物理化学的，范围相当广。

有一天，父亲叫儿子端一碗水来。父亲把一根筷子插进水碗让儿子看。"看到了吗？"父亲问。儿子随口答："看到了。""看到什么了？""一根筷子。""看没看到筷子有什么不同？""好像……好像有点儿弯。""准确点！到底弯没弯？"父亲有点儿不耐烦了。

儿子又仔细地看了看，回答道："弯了，是弯了。"

这时，父亲伸手提起那根筷子，举到儿子的面前问道："看看是弯的

1936年王大珩（前排左一）与大学同学合影

19

1937年王大珩（前排左三）在清华大学读书时与物理系师生合影

还是直的？"

"是……是直的。"儿子有点惊讶，以为自己刚才看错了。

父亲把筷子又放入碗里说："这回你看看吧。"对着发呆的儿子，父亲一字一句地说："这就叫折射，是一种光学现象。"

儿子顺手把那根筷子从水里拿出来，再放进去，反复摆弄了半天。心想，这就叫折射？这个叫折射的"东西"竟能把筷子弄弯？儿子觉得太有意思了，简直像变魔术似的。这

是王大珩平生第一次了解光学现象，这给他留下深刻的印象。从此，他牢牢记住了"光学"这个名词。

父亲有时还讲起北京城东南角的那个古观象台的故事。父亲告诉儿子说，这座古观象台曾有过极为辉煌的历史，明、清两个朝代的天文观测中心都设在这里。这里曾保存了许多古人传下来的精美的天文仪器。然而，1900年"八国联军"打进了北京城，将这些稀世珍宝掠夺走了。当时，清朝政府对这些打进家门

的强盗只能苦苦乞求，希望强盗们高抬贵手，将老祖宗传下来的这些珍宝留下来。而强盗们根本不理睬弱者的乞求，毫不客气地将这些东西瓜分了。至今，这些珍贵的中国古代天文仪器还藏在西方国家的博物馆里。父亲讲到这里，眼圈发红，气愤地说："这是我们中国人的耻辱!"父亲还告诉儿子说，在这个世界上，靠乞求是什么也得不到的。无论是个人还是国家，都只能靠自强。人自强了，就没有人敢欺负你了；国自强了，就没有人敢侵犯你的国家了。父亲语重心长的话，儿子似懂非懂，但他却牢牢记住了这个辛酸的故事。

毕业论文与光学

1932年，王大珩高中毕业报考大学。在父亲的支持下，他一口气报考了南开大学、青岛大学和清华大学这三所著名学府。录取通知在报上刊出后，他发现自己竟被这三所大学同时录取了。在南开大学和青岛大学，他都考了第一名，而在清华大学考了第十五名。

他决定还是上清华大学。因为那是一流的学校，进入这所学校，能在一流教授的指导下继续深造。

此后，王大珩便走进了清华园，也走出了他一生中关键的一步。

王大珩被录取到清华大学物理系。这个系有一位在物理学界享有极高威望的学者——清华大学理学院院长、物理系主任叶企孙教授。他思维敏捷，教学方法灵活独特，从不照本宣科。

叶教授的考试方法也与众不同。他常常根据学生的不同情况出不同的题目。有一次考统计物理时，叶教授给王大珩单出了一道题。他先给王大珩一本德文版的统计物理学专著，让王大珩先把这本专著看完后，再根据专著中的论点写出一篇有自己见解的文章。接过这本专著，王大珩心里直打鼓，因为他只在中学学过一点点德文，凭这点德文底子很难通过考试。然而，叶教授毫无通融余地。王大珩只好起早贪黑，整天抱着德文字典一个字一个字地抠。费

1937年在清华大学

21

光学玻璃的诱惑

20世纪60年代一家人在长春光机所住房前

了九牛二虎之力，他才把那本专著啃了下来。连王大珩都没想到，这次统计物理学的考试，竟使他的德文水平在极短的时间内有了质的飞跃，并让他打下了良好的德文基础。

1936年，王大珩以优异的成绩从清华大学物理系毕业。毕业时，不知是命运的安排还是偶然的巧合，他在叶教授的指导下完成了一篇光学方面的论文。虽然这篇毕业论文与他孩提时代从水碗中看到的光学现象以及王大珩后来从事的光学事业没有什么直接的联系，但却是他生命历程中的一个重要的转折点。

王大珩从清华大学毕业后，先留校当了半年助教，后来就转读研究生了。

1937年，"七七事变"爆发。这场战争把中华民族推进了血与火的灾难之中，也改变了许许多多像王大珩这样的中国人的命运。

书是无法念下去了，王大珩便决定去南方寻找出路。他来到武汉，暂时在兵工署工作。但在那种兵荒马乱的情况下，兵工署也无法正常运行。他眼看着祖国江河沦丧，自己却报国无门，非常苦恼。正在这时，赴英国"庚款留学"开始招考，他毫不犹豫地前去报名了。

王大珩被录取了。很快，他就要出国学习了。

历史往往有着惊人的相似。王大珩离国时的情景与30年前父亲离国时的情景几乎一模一样。父亲是在甲午战争的硝烟中走出国门的，王大珩是在"七七事变"的炮声下离开祖国的。当年父亲所去的日本和如今他要去的英国，都是近代史上对中国伤害最深的国家。跟30年前的父亲一样，坐在远航轮船上的王大珩，默默地望着眼前那片渐渐远去的故土，望着那还在战火中呻吟

着的祖国，他的心在流血，眼睛里充满了泪水。

王大珩到英国后，被分配到伦敦大学帝国学院物理系，在技术光学组的实验室里做研究工作。由于他基础扎实，学习优异，实验动手能力强，所以这里的同学们很快对这个小个子的中国留学生刮目相看了。他们有了问题，常常喜欢请王大珩帮忙，有事也愿意同他商量。

不久，王大珩便发表了他的第一篇学术论文。这是一篇关于光学设计的论文，主要论述了光学系统中各级球差对最佳像点位置和质量的影响，并创造性地提出了新的论点。因此，这篇论文受到学院教授和同学们的好评。直到今天，这篇论文还经常被国内外有关专著加以引用。文中所阐述的一些思想和观点，至今仍然被作为大孔径小像差光学系统设计中像差校正和质量评价的重要依据。日本学者在近年出版的有关照相机的一部专著中，不仅全文引用了王大珩的这篇论文，而且给予了高度评价。

王大珩在帝国学院学习了两年，便以优异的成绩获得伦敦大学科学硕士学位。他的下一个目标，便是攻读博士学位。然而，第二次世界大战击碎了王大珩的博士梦。1940年8月24日，纳粹德国的飞机空袭了伦敦。而英国皇家空军随后也报复性地轰炸了德国柏林。不列颠之战迅速升级，伦敦很快就处于战火之中，到处是尸体和鲜血，到处是呻吟和哭泣……

战争又一次在王大珩面前显示了它的残酷。他在思考着自己的前

1980年5月王大珩（左三）参加国际激光会议时受到邓小平接见

与严济慈在一起

途。但是，这场战争给一直与光学有缘的王大珩带来的最直接感受是光学玻璃在武器中的大量应用。第二次世界大战爆发后，英国的光学玻璃需求量急剧增长，由战前的每年30吨猛增到2000吨。这使王大珩对光学玻璃产生了浓厚的兴趣。

当然，王大珩这时偏爱光学玻璃是事出有因的。那是源自使中华民族蒙羞受辱的鸦片战争，源自父亲述说的那场惨烈悲壮的中日甲午战争，也源自他亲身经历的日寇侵华战争。在这些战争中，中国人都不得不用自己落后的东西面对列强先进的东西，不得不用过时的破旧兵器来面对精良的新式武器。而落后就要挨打，就要受人欺辱。因此，当留英的许多同学因战争爆发而在考虑回国时，王大珩却萌生了一个念头：战争能使我学到一些平时学不

到的东西，甚至还有可能学到有关光学玻璃的技术，以便将来报效祖国。

当时，光学玻璃是世界性的尖端产品，只有英国等少数几个发达国家能够制造。于是，王大珩决定到设有玻璃制造专业的英国雪菲尔大学去，跟随世界著名玻璃学家特纳教授从事玻璃研究，攻读博士学位。不久，他如愿以偿地进了雪菲尔大学继续深造。

正当王大珩在雪菲尔大学玻璃制造系顺利地开展研究工作，即将获得博士学位时，英国最大的玻璃

1987年3月在北京科技活动中心工地

1994 年在某基地光学跟踪电影经纬仪前

制造公司昌斯玻璃公司要招收雇员，他动心了。昌斯玻璃公司是当时世界上最早从事玻璃生产的厂家之一，在那里有可能接触到光学玻璃，学到最先进而又保密的技术。此时，他面临着博士学位和光学玻璃二者必须择一的难题。王大珩果断地选择了他所珍爱的玻璃，放弃了近在眼前的博士学位。

后来的事实证明，王大珩的选择是正确的。他在昌斯玻璃公司学习了先进的技术，并为日后的研究工作打下了深厚的基础；而他带回祖国的配方，有关研制光学玻璃的

关键性的技术奥秘，以及他所做出的研究成果，都在我国光学玻璃的研制中起到了重要作用。

在昌斯玻璃公司，王大珩获得了丰硕的研究成果。尤其使他自豪的是英国至今还有他的一项专利。这项写着中国人名字的专利，是他到昌斯公司后的第一项科研成果。那是王大珩与他的英国同事对稀土光学玻璃开展的研究。这项研究，不仅使昌斯玻璃公司成为英国最早进入稀土光学玻璃领域的厂家，而且使王大珩成了英国最早研究稀土光学玻璃的人，大长了中国人的志气。

1997年4月王大珩到蒋筑英的母校 —— 杭州扶宁巷小学看望孩子们，并赠送给学校一台光学仪器

光机所的建立

新中国成立后，中国科学院设立了仪器馆。这个仪器馆兼有研究和制造两种功能，因此必须寻找一个既有很好的物理基础又懂得机械原理，能把光、机、电结合在一起的人来担当筹备和管理仪器馆的重任。

找谁合适呢？历史选择了学成回国的王大珩。1951年1月24日，经钱三强先生推荐，中国科学院决定任命王大珩为仪器馆筹备委员会副主任，负责筹备工作。就这样，经历了许多坎坷之后，新中国终于找到了为祖国光学事业奠基的最佳人选，新中国的光学事业开始迈出了第一步。

王大珩经过详细考察后，毅然决定将仪器馆设在东北长春市。这是因为长春市有一定的工业基础，条件较好，有利于应用光学事业的发展。

那时，他心中的目标就是要把长春建成中国最大的光学基地，建成像德国的"蔡司光学仪器厂"那样世界闻名的光学城。

建仪器馆是从填炮弹坑、清除破坦克和盖房顶开始的。王大珩和他带来的28位工作人员，在这片千疮百孔的土地上一锹一镐地挖着、刨着。有位工人动情地说："王大珩哪像从国外回来的专家呀？整天和我们一起劳动，住的是破房子，吃的是高粱米和大葱蘸酱。他天天干力气活，弄得灰头土脸的，跟我们工人没有两样。不说话看不出个谁是谁，一说话就分出来了。他一急，嘴里就老往外蹦洋词儿，那是说洋话说习惯了，一时半会儿扳不过来。"

仪器馆建成后，王大珩担任了副馆长，并代理馆长主持工作。他对工作的管理非常严格，差一点儿都不行。1953年，仪器馆正式成立的第一年就大见成效，不仅完成了光学玻璃、显微镜、材料试验机等项目的研究，还建立起光学设计、光学镀膜和光学测试等技术基础部门。到了1957年，仪器馆不仅能够熔制出适合军工需要的特殊光学玻璃，而且在光学设计方面也掌握了当时国际上的一些尖端技术。

仪器馆在很短的时间内，便创出了自己的牌子。那时，中国科学院的各个研究所在科研中只要发现缺少仪器设备，立即就会想到仪器馆，想到王大珩。人们常挂在嘴上的一句话：没有东西找王大珩要去！

仪器馆为我国光学事业做出了不朽的贡献，也使它的所在地长春成了我国最大的光学基地。

1957年4月，仪器馆完成了它的历史使命，更名为"中国科学院光学精密机械研究所"（简称"光机所"）。王大珩担任第一任所长。

"八大件一个汤"

1958年4月，一个二十多岁的年轻人黄兰友来到长春光机所，提出了他想研制电子显微镜的想法。当时，

80岁生日时与夫人顾又芬教授在一起

27

1999 年到哈尔滨工业大学指导工作

王大珩不在所里，负责接待的人告诉年轻人，光机所在短期内没有制作电子显微镜的计划，年轻人只好失望地走了。

后来，王大珩知道了这件事，并了解到这个年轻人毕业于美国富兰斯大学物理系，曾荣获联邦德国杜宾根大学应用物理学博士学位，是个刚从德国归来的电子光学专家。于是，他立即脱口说道："太好了！我们正急需这样的人才！快把他找回来！"就这样，这位年轻人被留在光机所，圆了自己想研制电子显微镜的梦。

那时候，世界上只有极少数几个发达国家能制作电子显微镜。王大珩以他的胆识和魄力大胆地把研制电子显微镜的项目确定下来。当时，尽管光机所已经定下了七个攻关项目，但王大珩还是把电子显微镜纳入了攻关项目，而且把它作为重点排在了第一号位置。随后，王大珩全力支持黄兰友的工作，给他配备了助手，提供了各种有利条件。

1958 年，王大珩领导长春光机所组织了两次大规模的技术攻关，在短短的三个多月的时间里，攻下了号称"八大件一个汤"的一批国内领先的科技成果，立刻在全国科技界引起了轰动。

在"八大件"中，电子显微镜是第一件，其余依次是高温金相显微镜、多臂投影仪、高精度经纬仪、大型光谱仪、万能工具显微镜、晶体谱仪和光电测距仪。而"一个汤"是指研制出的一系列的光学玻璃。

这简直是个奇迹！黄兰友曾感慨地说，电子显微镜这么一个先进的大型精密仪器，在国外需要两三年的时间才能研制成，而我们仅用三个多月就制成了，真是不可思议。

王大珩和他领导的中国科技人员，创造出了令人惊异的奇迹！

原子弹、导弹与光机所

20 世纪 60 年代初，那个曾被中国人称为"老大哥"的苏联，单方面撕毁了援建协议，中止了正在中国开展的二百多个科技合作项目，并撤走了大批专家。屋漏偏逢连夜雨，当时又发生了全国性的自然灾害。

这使我国的国防建设，特别是尖端武器的发展受到严重的影响。

当时，王大珩来到某导弹试验基地对苏联专家干了一半的光学测量设备进行了全面的"诊断"。映入他眼前的是一片荒凉的景象，安装了一半儿的设备统统"趴了窝"，他心中很不是滋味。

随后，王大珩带领大家没日没夜地干，硬是把苏联专家扔下的烂摊子拣了起来，把安装了一半的仪器设备全部检测装修完毕，并投入正常运行。

后来，在研究落实研制原子弹、导弹的各项工作时，钱学森说了一句意味深长的话："原子弹、导弹中的光学设备，一定要让长春光机所来做！"

这句话体现了钱学森对王大珩领导的长春光机所的赞誉和信赖，也使长春光机所和王大珩从此正式走进国防科技领域，为我国的"两弹一星"奉献力量。

寄予青少年朋友的话

其乐融融
（与小孙子在一起）

29

无垠的太空是人类永远的财富，但只有能进入和开发太空者才能拥有。

王希季

云南省大理市人。1921年生。中共党员。卫星和卫星返回技术专家。中国科学院院士，国际宇航科学院院士。1942年毕业于西南联合大学机械工程系。1948年赴美国留学，获硕士学位。1950年回国。历任大连工学院、上海交通大学、上海科技大学教授，第七机械工业部第五研究院副院长，科技委主任，航天工业部总工程师等职。

他是我国第一枚液体燃料火箭、气象火箭、生物火箭和高空试验火箭的技术负责人，倡导并参与发展无控制火箭技术和回收技术两门新的学科。他创造性地把我国探空火箭技术和导弹技术结合起来，提出我国第一枚卫星运载火箭的技术方案，主持"长征一号"运载火箭和核试验取样系列火箭的研制工作。作为返回式卫星的总设计师，他提出了重要的研制方案，并主持采用新技术，使我国卫星返回技术达到国际先进水平，从而成为世界上掌握此项尖端技术的三个国家之一。

情系太空

——卫星和卫星返回技术专家王希季的故事

1965年春天的一个夜晚，毛泽东在上海视察了我国第一枚探空火箭。他弯下腰，仔细观看着银白色的箭体，然后在火箭旁坐下来，一边听讲解人员的介绍，一边打开手中的产品说明书。当他听到火箭成功地飞到了8公里的高度时，这位极富诗人气质的领袖用抑扬顿挫的湖南话激动地说："8公里，那也了不起。应该8公里、20公里、200公里地搞上去！"

研制这枚火箭的技术负责人，就是本文的主人公——"两弹一星"功勋奖章获得者，中国空间事业的开创者之一，著名的探空火箭和返回式卫星技术专家王希季。

报国心切的学子

王希季出生在云南昆明一个白族商人家庭。

在运载火箭发射基地

31

在返回祖国的轮船上

童年时期的王希季像所有的孩子一样，特别贪玩，他最爱干的事就是和小伙伴们跑来跑去踢足球；要不就是下到河里游泳，或者抱着一本《三国演义》看得昏天黑地。可是这并不影响他在小学毕业会考中获得全市第一名的好成绩。当时一些中学校长纷纷找上门来，希望王希季去他们的学校就读。但在商海浮沉多年的父亲，却让王希季进了一所工业学校，为的是将来可以学一门谋生的手艺。

1938年，北大、清华和南开大学迁往昆明，成立了著名的西南联合大学。已经读完高中一年级的王希季，被同学怂恿着去"见识一下考名牌大学的场面"，一试之下竟被西南联大机械工程系以同等学历录取了。在西南联大"千秋耻、终当雪"的校歌声中，王希季萌发了"工业救国"的思想。1947年，他顺利地通过了当时教育部举办的留学考试，赴美求学。

1949年10月，正在美国弗吉尼亚理工学院攻读博士学位的王希季，在报纸上看到了新中国成立的消息，他报效祖国的情怀让他再也等不及了。他毅然放弃了获得博士学位和留美工作的机会，于1950年初回到了祖国的怀抱。

回国后，王希季先后在大连工学院和上海交通大学任教，并以优异的教学业绩，被评为上海市先进文教工作者，光荣地加入了中国共产党。1958年，正当他准备赴德国进行为期两年的教学互访时，忽然接到了上海市委的调令，任命他为上海机电设计院的技术负责人，承担中国第一枚探空火箭的研制任务。

在设计院，他见到了西南联大的同学、担任设计院副院长的杨南生。当年在西南联大的足球场上，杨南生是沉着机敏的守门员，王希季是冲锋陷阵的前锋；现在，两位老同学又将携手叩开太空之门，他们为能亲自翻开中国航天史册的第一页而激动不已。

麻袋后面的总指挥

当时的研制条件十分简陋，既没经验，又没资料，也没专家，一切都要从零开始。勇于挑战的王希季二话没说，带领着平均年龄只有21岁的"娃娃队伍"开始了边学边干的艰苦探索。而那时的王希季，也不过37岁。

与夫人聂秀芳合影

没有电子计算机，就用电动计算机和手摇计算器，或者干脆拨拉算盘珠子。为了计算一条弹道，几个人硬是夜以继日地干了两个月的时间，所用的纸堆得比桌子还高。王希季不仅言传身教，而且倡导认真坦率的研究风气，他和技术人员一起讨论问题，在面红耳赤的争论中捕捉智慧的火花，寻求解决问题的办法。不知有多少次，当他迈着疲惫的脚步走出研究室时，都已是夜深人静，繁星满天了。

有一次，王希季得了重感冒，嗓子肿得话都说不出来。妻子聂秀芳满以为整天不见影的丈夫，这次可以在家安静地休息了。谁知，当他去给王希季送水的时候，却见他又在与来看望他的同事，你写一句我写一句地在纸上热烈地讨论起来。

由于当时国家正处在轰轰烈烈的"大跃进"高潮中，人们对造火箭发卫星这样一个属于高技术范畴的问题，还缺乏应有的认识。王希季他们也碰到了起点过高、研制不配套的难题。经过认真思考，王希季坦率地向上级提出了自己的建议：在国家经费有限而实践经验几乎等于零的情况下，应该从培养队伍做起，从小到大，先搞技术难度比较小的无控探空火箭，循序渐进，在适当时

候再开始运载火箭的研制。

机电设计院采纳了王希季的建议。短短几个月后，由王希季主持研制的我国第一枚液体燃料探空火箭"T-7M"就奇迹般地诞生了。

1960年2月19日，在上海郊区一个用稻田改建成的发射场上，"T-7M"昂然屹立在发射架上，它的飞行高度预计为8～10公里。

这真是一个世界上绝无仅有的发射场。这也是一次令人难以置信的火箭发射。

发射场上没有电，隔着一条蜿蜒的小河，是用芦席围起来的"发电站"，一台借来的50千瓦的发电机正在里面轰响着。王希季的"指挥所"

留美时的王希季

是用麻袋堆积起来的，由于没有任何通讯设备，他只能站在半人高的麻袋后面，通过挥舞的手势和大声的喊叫，指挥着"T-7M"的发射。自动跟踪火箭的仪器也没有，研制人员用土办法制造的人工跟踪天线，需要好几个人用手把着才能旋转和俯仰。危险的火箭燃料加注，竟然是用自行车打气筒一下一下地压进燃料储箱中的。

16时47分，"T-7M"随着发动机喷出的耀眼的白光，在滚滚浓烟中直冲云霄。

发射成功了！

王希季冲出"指挥所"，嘶哑着嗓子和大家一起忘情地欢呼起来。这次试验成功，是中国自行研制液体燃料火箭技术取得的一个具有工程实践意义的成果。

在以后研制成功的18种探空火箭中，由王希季担任型号负责人的就有12种，其中包括将小狗豹豹、珊珊送上天空的生物火箭和可回收的探空火箭。这些火箭的研制成功，为我国进行高空探测和发展运载火箭、返回式卫星事业，做出了重大贡献。

在探空火箭的基础上，王希季还主持完成了我国第一颗人造卫星运载火箭的设计方案。

中国的火箭终于从8公里、20公里、200公里，一直飞上了36 000公里的太空！

美丽的空中奇葩

从茫茫太空中将卫星召回地面，并令其准确地降落在预定地点，谈何容易！

太空大国美国，曾经一连发射了12颗返回式卫星，但它们都不听召唤，全部"叛逃"了，直到第13颗才从天外摇摇晃晃地跑回来，却不管主人给它划定的范围，一头扎进了波涛汹涌的大海。

担任中国第一颗返回式卫星总

1950年，年轻的教授王希季与夫人聂秀芳在大连住宅前

设计师的王希季，简直就像着了魔。在进行回收系统的攻关时，他一回到家，就把妻子的针头线脑和碎布片翻出来，做成一些小降落伞，然后就如"顽童"一般，开始如痴如醉地"玩"起来。先是把降落伞使劲往上一抛，然后就仰着脑袋看着它飘飘摇摇地往下落。降落伞快到眼前了，他竟忽啦一下趴到地板上，歪着脑袋一直盯着它落到地上。如此反复，废寝忘食。后来，他又一趟一趟地往大西北试验基地跑。无论是赤日炎炎的夏天，还是滴水成冰的严冬，他都亲自带队，来来回回地做了不下50次空投试验。有一次，在零下三十多度的内蒙察哈尔黄旗海空投试验基地，他和试验队员们一起睡在四面透风的平房里。基地的战士们都不相信破平房里竟然睡着一位总设计师。

在"文革"期间，搞科研不但要承担技术上的风险，而且还要承担政治上的风险。被打成"资产阶级技术权威"后，王希季仍然坚持研究和

与基地官兵亲切交谈

畅谈空间资源

探索，桌子上那些越堆越多的资料卡片，如同一个个智慧的旋律，在他心里奏响着飞翔太空的乐章。每当深夜回家，在月光下听见微风掀动那些批判他的大字报的簌簌声时，他心里倒生出一种别样的安慰，他相信他的工作是美丽的。

在一次做降落伞强度试验时，由于伞没有打开，模型摔成了"大饼"。这原本是科研试验中很正常的事，但在那个年代却被认为是"阶级斗争新动向"，王希季被"请"进了学习班。当送来的试验记录胶片证明模型被摔成"大饼"并不是人为的破坏后，王希季二话不说，又一头扎进了对回收系统的改进和试验中。

1975年11月26日，中国第一颗返回式卫星终于穿云破雾飞上了太空。3天后，天空中出现了一顶红白相间的降落伞，伞下拽着的，就是那个穿过大气层时被烧得黑乎乎的回收舱。降落伞就如一朵盛开在天空中的美丽奇葩，飘过崇山峻岭，准确地落到了预定的回收地点！

这颗卫星的成功回收，使中国成为世界上继美国、前苏联之后第三个掌握卫星返回技术的国家。卫星所获得的国内大面积的高分辨率的地面照片，有极大的经济和社会价值。叶剑英副主席在卫星试验结果报告上挥毫批下7个大字："返回式卫星有功！"王希季也因此获得了国家科技进步奖特等奖。

10年后，当航天工业部科学技

术委员会主任任新民出访欧洲时，欧洲的同行们不无敬佩地对这位老总说："中国航天技术有两件事了不起，一件是独立自主地研制出氢氧发动机，另一件就是独立自主地研制出返回式卫星。"

令人生畏的总设计师

作为卫星总设计师，王希季倾注心血最多的就是卫星的运作可靠性了。想想吧，那么一个大家伙，从发射到入轨，要在宇宙空间经受那么多复杂、恶劣的环境考验，每一个元器件都是"牵一发动全身"，连个小灾小病都不能有；而一旦上天后出了毛病，又是看不见摸不着的。所以，他对每一个分系统直到总体都提出了必须遵守的硬指标，关键的

展望新科技，再创辉煌

地方，他亲自到现场指导技术人员采取可靠性措施。

这时的王希季，简直严格得令人生畏。一位向来认真的女工程师，因为忽略了一个很小的问题，被他毫不留情地当众狠批了一顿，以至于女工程师以后见了他，总是绕道走开。要不是一个偶然的机会和王希季坐到了一辆车里，女工程师怎么也不会相信这位吓人的总设计师竟然还有风趣的一面。

就连那些研究所的领导们，也有些害怕给王希季汇报工作。他们都知道，这位总设计师是绝不允许汇报中出现"可能"或是"大概"这种词语的，而且你不把问题和措施一板一眼地说清楚，就别想痛痛快快地过关。

当卫星进入总装测试阶段，王希季的身影就会天天出现在总装车间里。他总是第一个上班，这让那些踩着点儿走进车间的年轻人都有些不好意思。而更让他们叹服的是，这位老总对卫星上数万个元器件和零部件都了如指掌，任何一个疑点也别想逃过他那双锐利的眼睛。不过，王希季也有被"逮住"的时候。有一次，他因为走得匆忙，忘了换进卫星厂房必须穿的棉布裤子，把门的工作人员以着装不符合防静电要求，

毫不客气地将他拒之门外。王希季再急也得乖乖地回去换裤子，但他的心里还是很为他的队伍的严格感到高兴。

王希季不但对技术人员"不讲情面"，而且对上级领导、专家也常常说"不"。

在王希季的一份干部考察表上，考核部门在写了一大堆优点后，也写了这样一个缺点：有时比较固执，不好商量工作。王希季没有"虚心接受"，他在"对组织评价的意见"一栏里郑重其事地写道："总评价高于本人评价，谢谢。"但在技术问题上不能人云亦云，也不能少数服从多数，而是要尊重客观规律，坚持实事求是，有时候少数人坚持的往往是正确的，可能我总是当这样的少数吧。

第一次提出要在返回式卫星上试验一种新型国产彩色胶片时，因为试验风险太大，不少专家都持反对意见。王希季认为，如果彩色片能成功的话，将会比黑白片获取更多的信息量。为什么不试一试呢！

在进行了缜密的分析论证后，王希季坐上车，一路颠簸跑到河北保定，亲自与胶片厂的人员一次次分析试验结果。最后，他果断地拍板决定：下一次发射卫星不但要上彩色胶片，而且要多上！

在一次学术报告会上

这可是要对国家负责任的啊！当那颗装着大量彩色胶片的卫星上天后，大家都为王希季捏着一把汗。

左盼右盼，终于将卫星返回舱盼回来了，那宝贝片盒立刻被小心翼翼地取出来，连夜送去冲洗。当一张张色彩鲜艳、层次丰富的卫星照片神话般地呈现在众人面前时，大家竟惊喜得说不出话来。

从此，中国开始大量运用卫星彩色拍照技术。这种物美价廉的国产胶片，一直被沿用至今。

迷人的"第四故乡"

1981年9月，王希季作为中国宇航代表团团长，率团参加了国际宇航联合会第32届年会。在异国他乡的夜晚，他仰望着繁星璀璨的天空，久久不能入睡，他的脑海里正思考着一个更广阔、更瑰丽的空间。上届年会首次提出了人类四大环境的理论。除了陆地、海洋和大气层以外，空间被称为人类的第四环境。这意味着人类本身的认识及其科学技术又有了新的飞跃，空间将成为人类的"第四故乡"。

多么迷人的"第四故乡"啊！

王希季知道，空间里蕴藏着极其丰富的资源，如果能开发利用这些资源，将是造福人类的又一个壮举。

回国后，王希季发表了《论空间资源》一文，并利用各种机会和场合发表演讲，告诉人们利用空间技术开发利用空间资源的重要性，并提议利用我国的卫星返回技术为国民经济服务。

此时，已经利用美国航天飞机

一丝不苟的总师

金牌生辉，功勋卓著（1999年9月18日在表彰大会上）

进行过微重力搭载的西欧某空间部门，正热情邀请中国和他们一起参加新的航天飞机的搭载试验。而当中国接受邀请派代表团前去参加微重力科学讨论时，却有人傲慢地问：你们没有进行过这种试验，拿什么来和我们交流呢？

中国著名的半导体专家林兰英当时的回答也非常不客气：中国会有的!这位极富民族自尊心的女科学家回国后，立即找到当时的中国空间技术研究院院长闵桂荣。她说，我们为什么不能用我们自己的卫星做自己的试验呢?如果能行的话，她所

在的中国科学院半导体研究所，将要求在卫星上进行砷化钾单晶生长试验。

当时世界上还没有任何国家在空间微重力条件下做过这种试验。如果试验成功，将有很高的学术价值和经济前景。在空间竞争日益激烈的情况下，谁先上天谁就是第一!

对此，作为卫星总设计师，王希季需要回答三个问题：

第一，能不能利用我国自行研制的返回式卫星进行微重力搭载试验?王希季回答得非常干脆：能!

第二，能不能在短时间内，即在

41

在工作现场

5个月后就要发射的下一颗返回式卫星上进行搭载试验?王希季思考片刻后说：能!

第三，是对当时争议颇大的两种意见的看法。一种意见认为，如果进行搭载，就全部上国外公司提供的有效载荷，这样，既能赚钱又可打入国际市场；另一种意见认为，应该先上国内的，特别是砷化钾试验，争取世界第一。王希季的回答是：无论国内国外的，全上!

这就是王希季的风格。

当时，卫星的出场日期已定，在状态已经确定的情况下要增加有效载荷，卫星整体就要做状态的变动，布局也要改变，而挪动其中任何一个位置，都有可能导致整个星体失去平衡。尤其是做砷化钾试验用的

晶体加工炉，里面的温度高达1200摄氏度，卫星带着它就像带上了一个随时可能发生不测的"小炸弹"。

奋战开始了，王希季提出三条严格的规定：一是搭载的产品一定要成为一个独立的系统，它的任何故障都不能影响原卫星任务的完成；二是所有搭载物件都要像星上产品一样严格要求，全面审查，保证质量；三是整个布局要进行周密安排，不能损坏卫星的质量特性。

5个月过去了，奇迹再次出现。

1987年8月，中国首次利用自己的返回式遥感卫星，成功地进行了微重力搭载试验，砷化钾单晶生长试验获得了巨大成功。当林兰英看到那成为火炬状的、没有任何杂质条纹的砷化钾晶体时，激动得热泪

盈眶。中国在利用外层空间资源上，终于跨入了世界先进行列。

在这颗卫星上，还同时安放了法国马特拉公司的两个试验装置，成功地为他们提供了藻类培植、蛋白质生长和微重力环境测量等试验服务。这是中国空间技术迈入国外空间市场的第一步。

迄今为止，中国已经在自行研制的返回式卫星上，进行几百个项目的微重力试验，在空间材料科学、生命科学和生物技术领域的研究上取得了丰硕的成果。

1998年的一天，名不见经传的上海市南汇县老港镇东进村忽然热闹起来，"中国第一枚探空火箭发射成功纪念碑揭幕仪式"正在这里举行。

已是两鬓斑白的王希季，久久地凝望着那座耸立在阳光下的纪念碑。它的总高度是5.345米，主碑高1.960219米，这是他多么熟悉的两个数字啊。那总高度是"T-7M"探空火箭的长度，而那主碑的高度，就是那个难忘的日子——1960年2月19日，中国第一枚探空火箭飞上8公里高度的时间。

38年过去了。此刻，王希季又将他充满深情的目光投向了无垠的太空。这位担任着空间技术研究院技术顾问的宇航技术专家的思绪，已经从8公里飞到了36 000公里以外，飞到了另一个更加迷人的梦境：那里不仅有他最早建议研制的中国载人飞船，还有中国的空间实验室、空间站……

心系空间

学习是享受，学无止境。

王淦昌

江苏省常熟县人。1907年生。中共党员。核物理学家。中国科学院院士。1929年毕业于清华大学物理系，1930年赴德国柏林大学留学，1934年获哲学博士学位，同年回国。曾任山东大学、浙江大学教授。1950年以后历任中国科学院近代物理研究所研究员、所长，第二机械工业部第九研究所副所长，第九研究院副院长，第二机械工业部副部长，原子能研究所所长，核工业部科技委副主任，中国科学技术协会副主席，中国物理学会副理事长，中国核学会第一届理事长。1998年逝世。

他指导了中国第一次地下核试验，领导并具体组织了中国第二、三次地下核试验。他是我国核武器研制的主要科学技术领导人之一，核武器研究实验工作的开拓者。1964年他与苏联著名科学家巴索夫同时独立地提出激光惯性约束核聚变的新概念，是中国惯性约束核聚变研究的奠基者。

原子世界探秘的骄子

—— 核物理学家王淦昌的故事

　　小小原子，蕴藏着巨大的能量。像苹果那么大的一块金属铀，其原子核裂变时所释放的能量居然抵得上 2700 吨优质煤（其体积像一座小山）燃烧时所产生的热量。可见，原子能构成了取之不尽、用之不竭的能源宝库，而科学正是开启这座宝库的金钥匙。

　　20 世纪 30 年代，人类凭借智慧与科学终于敲开了原子核神秘的大门，使人类社会开始进入原子能开发利用的新时代。在原子探秘这项伟大的事业中，核物理学家王淦昌作为中华民族的杰出代表，以其开拓性的工作作出了巨大的贡献。他发现了世界上第一个荷电负超子——反西格马负超子。不仅如此，他还是世界激光核聚变研究的主要倡导者，也是我国原子弹、氢弹研制的主要奠基人之一。

在苏州寒山寺的钟楼

45

王淦昌在莫斯科

一滴水可以映射出太阳的光芒。从下面几个生动有趣的小故事中，我们可以充分看到一代科学骄子王淦昌热爱科学、献身祖国的光辉业绩和诚挚坦荡、无私奉献的高尚品德。在新世纪现代化建设的宏伟事业中，他无疑是科技工作者和广大青少年学习的光辉榜样。

像岳飞那样做人

1907年5月28日，在江苏常熟一个僻静小村的王姓家里，一个男孩呱呱落地了。一家人欢腾雀跃，村里邻居也奔走相告。这个男孩就是后来成为著名核物理学家的王淦昌。

王淦昌的父亲王以仁是当地很有名望的中医。他经常来往于各个村镇，为村民治病，常熟县城也常有人请他去诊治疑难病症，上门求医的人更是络绎不绝。

王淦昌出世时，父亲已是花甲之年。老年得子分外高兴。儿子满月时，王家举办了满月庆典，请亲朋好友喝喜酒。王以仁喜形于色，频频向亲友们劝酒，感谢他们的祝福。他深信，儿子长大后一定会有出息，能为王家争光。

然而，好景不长。在王淦昌还不满4岁时，父亲不幸病逝了，一家人的生活重担就落在母亲身上。母亲读过私塾，是个有文化的妇女，很有见地，待人处事十分得体。她很爱小淦昌，说他像个女孩子，很乖。

外婆也喜欢小淦昌。外婆虽不识字，却很通情达理，肚子里装着许多有趣的故事，像什么"铡美案"、"三侠五义"、"杜十娘"、"岳飞精忠报国"等等，都是她听戏学来的。小淦昌特别喜欢听，经常缠着外婆讲故事。

外婆还教育小淦昌如何做人。她常说："岳飞是南宋抗金名将。在抗击敌寇的战斗中，他屡建奇功。后来被卖国求荣的秦桧杀害。你要像岳飞那样，胸怀大志，精忠报国。"外婆的话在小淦昌的心里激起了层层涟漪，他决心要做岳飞那样的人。

王淦昌8岁时，已经上了两年私塾，母亲又把他送进太仓县沙溪镇一所新式的洋学堂继续学习。在这所小学里，他的学习一直很好，老师常夸他聪明，学习用功，做事认真，是个好学生。

在沙溪小学学习期间，小淦昌第一次参加了爱国游行活动，那是1919年爆发的反帝反封建的"五四"游行示威活动。沙溪小学的老师们带领学生上街游行，宣传抵制日货，反对卖国贼。王淦昌举着小旗，喊着口号，走在游行队伍里，他感到非常自豪。这可以说是他学做岳飞的第一次社会实践。

1920年秋，王淦昌小学毕业了。外婆让他跟表兄崔冰到上海浦东中学去读书。表兄是学校的教务主任兼英语教师，王淦昌的学习和食宿得到很好的安排。他学习刻苦，仅用4年时间便学完了中学6年的全部课程，而且成绩优秀。尤其是在英文和数学方面的勤奋学习，为他后来的学习和工作打下了坚实的基础。

王淦昌于1924年高中毕业后，由于喜欢英语，考入上海一所私立英文专修学校。只读了一学期，学校就因为经费困难停办了。后来，他又考进了一家学制仅半年的汽车学校。其实他并不喜欢开汽车，那只是权宜之计，但不管怎样，开车也是一种技术，以后总有用得上的时候。

1925年，上海发生了震惊全国的"五卅"惨案，王淦昌所在的汽车

王淦昌（第二排右二）在浙江大学工作期间与物理系师生合影

在二机部九院与同事们讨论工作

者效劳，如果这事发生在你的祖国，你能抓自己的同胞吗？"这个印度人没有说什么，或许是王淦昌的爱国正义行为感动了他，待走到一个偏僻的地方时，便松开了手，并示意王淦昌快走。

这件事让王淦昌再次拥有了像岳飞那样做人的自豪感，他决心要为祖国的富强做出自己的贡献。

物理学是一门很美的科学

1925年，王淦昌报考清华大学，被录取为第一届学生。

那时，清华大学很重视科学实验。学校拥有的实验仪器设备也是全国最好的。他一进清华校门，便迷上了化学。

由于中学时期几乎没做过化学试验，他一走进化学实验室，便觉得新奇和兴奋，连那石蕊试纸的颜色

学校的学生和各界群众纷纷起来反对帝国主义的暴行。有一次，王淦昌和同学们上街游行。他抱着一捆传单，一边走一边散发，不巧被一外国巡捕抓住了。那个印度人力气很大，用一只大手死死钳住他，他连挣扎的力气都使不出来，只得由这个巡捕押着走。他心里想，不能这样束手就擒，便用英语向巡捕宣传："我是为祖国的命运而斗争，你却为侵略

与家人在一起

群英聚会，
老友相逢

变化，都使他感到有趣。他进入了一个新奇的世界，认真做着各种元素和化合物性质的实验，并将化学元素周期表背得滚瓜烂熟。他觉得化学真有意思，不过，相比之下，物理对他的吸引力更大。当时的清华大学物理系主任叶企孙，是我国著名的实验物理学家。他曾在美国留学，获博士学位，并测定了普朗克常数。叶教授讲课从来不照本宣科，他常常结合课程内容介绍一些国外的最新研究成果。他把一些基本概念讲得很清楚，并对重要内容反复讲解，直到大家都听懂，所以大家都喜欢听他的课。有一次，他专门找王淦昌了解学习情况，让王淦昌谈谈对物理课的意见。由于叶教授的亲自传授和指导，王淦昌对实验物理产生

了浓厚的兴趣，因此一年后分科时，他没有进化学系，而是选择了物理系。

后来，著名实验物理学家吴有训到清华大学物理系任教，并担任物理系主任。他讲授的近代物理学内容新颖，包含了许多世界近代重要的物理实验结果，如密立根的油滴实验，汤生的气体放电研究，卢瑟福的 γ 粒子散射实验等等。王淦昌感到，听吴教授讲课，不仅能增长知识，而且是一种享受。

吴教授备课充分，选择的材料很精炼，而且还善于引导学生自学，使他们全面地掌握近代物理的理论。另外，吴教授在美国留学时就掌握了出色的实验技能。所以，他不仅课讲得好，而且亲手制作实验仪器，培

王淦昌与儿子
王德基在家里

养学生们的动手实验能力。他常对学生们说："实验物理的学习，要从使用螺丝刀开始。"身教胜于言教。吴教授以身作则，开设了"实验技术"的选修课。他手把手地教学生们如何掌握烧玻璃的火候和吹玻璃的技术，并要求物理系的学生选修制图、车工、钳工、电工学等工学院的课程。

大学的最后一个学期，吴教授让王淦昌独立完成一项实验工作，并以实验报告作为毕业论文。实验的题目是《测量清华园周围氡气的强度及每天的变化》。吴教授还在百忙中为他选择简便的实验方法，指导他查阅了大量的参考资料，并建立了专门的实验装置。

在吴教授的指导和帮助下，王淦昌不论刮风下雨，每天都认真地进行测量、记录，并及时进行分析研究，一直坚持了四个多月，终于成功地完成了这项实验工作。看了他写的毕业论文，吴教授很满意，所以把他留下来当助教。

在叶企孙、吴有训两位教授的指导下，王淦昌走上了物理学研究的道路。回忆自己成长的历程，他深深地感到，自己获得的成就是和老师的教导以及在大学时打下的坚实基础分不开的。

后来，他也成了大学物理教师，物理系主任。他像自己尊敬的老教授那样爱护学生，培养他们进行实验研究的本领，培养他们对物理学的热爱。他曾经充满深情地对新入学的学生们说："物理学是一门很美的科学，大至宇宙，小至基本粒子，都是它研究的对象，这自然是十分有趣的。同学们，你们选择了一个好专业，努力吧，前途是光明的!"

科学家是有祖国的

在叶企孙教授和吴有训教授的鼓励下，王淦昌于1930年考取了江苏省官费留学生，被分配去德国柏林大学，作柏林大学第一位女教授、著名实验物理学家迈特纳的研究生。

王淦昌留德学习期间（1930～1934），正值现代物理学史上的黄金时代，新的理论、新的发现一个接着一个，科学界正处在人类敲开原子核大门的前夕。1929年，英国物理学家狄拉克预言存在正电子；1932年，英国科学家查德威克发现中子；

王淦昌在他八十寿辰学术报告会上

1934年，法国科学家约里奥－居里夫妇发现人工放射性……这一系列令人鼓舞的科学进展，在德国物理学界引起强烈的反响，也使王淦昌从中辨识出当代物理学发展的新方向。

当时，柏林大学是世界的科学研究中心。王淦昌觉得，自己能到这里学习是很幸运的。他常常想到自己祖国的贫穷落后，受人欺压，这更激励他勤奋学习，掌握先进的科学技术，为振兴祖国奉献力量。

柏林大学放射物理研究室坐落在柏林郊外的一个小镇上。这里环境优雅，气氛宁静，他经常在这里听课和做实验。一进实验室，他就如鱼得水，忘记了时间，常常工作到深夜。而实验室的大门晚上10点钟就锁上了，所以他经常翻墙回到宿舍。

功夫不负有心人。1932年，他撰写的一篇关于镭的放射性问题的论文在国际著名学术刊物——德国《物理学》期刊上发表了。这是他的研究成果第一次在权威学术期刊上发表，他为此激动不已。1933年，他又在德国《科学》期刊上发表了和老师迈特纳合写的论文《γ射线的内光电效应》，对当时这方面的理论研究工作起到了推动作用。

在这期间，最使他铭刻在心，永

生难忘的，是他和一项重大发现失之交臂。当时一些科学家用计数器作探测器来研究一种穿透力很强的射线。王淦昌随即产生了一个新想法，即改用云雾室作探测器来做这个实验，这样就可能弄清楚这种射线到底是什么。他将这个想法告诉老师迈特纳，一连提了两次，她都没有同意，只好作罢。然而，与此同时，英国科学家查德威克却采用云雾室作探测器完成了这个实验，并证明这种穿透力很强的射线是一种中性粒子流，而这种粒子就是中子。查德威克发现中子后写成论文，于1932年在《自然》杂志上发表，并获得1935年的诺贝尔物理学奖。

1933年，王淦昌顺利通过了博士学位论文答辩，并将论文在德国《物理学》期刊上发表了。据有的科学家说，著名核物理学家费米在研究衰变理论时，曾参考了这篇论文中的一些测量数据。

取得博士学位后，他决定回国。

那时，他非常思念祖国和亲人。1931年"九·一八"事变，日本侵略者侵占了我国东三省，他天天看报纸，深切关注祖国的命运，已经没有心思继续埋头在书本中和实验室里了。

当时有人劝王淦昌说："科学是没有国界的，中国很落后，没有你需要的科学研究条件，何必回去呢？"

在家里是一位好爷爷，更是一位好老师（与孙子在一起）

聚精会神地听取科研人员的汇报

他掷地有声地回答说："科学虽然没有国界，但科学家是有祖国的。现在我的祖国正在遭受苦难，我要回到祖国去，为她服务。"1934年，王淦昌终于回到了灾难深重的祖国。

反西格马负超子的发现

第二次世界大战以后，苏联在一个叫杜布纳的地方建造了当时世界上能量最高的加速器。后来，前苏联政府在这里成立了一个国际性的科学组织——联合原子核研究所，中国是联合所的成员国之一。1956年9月，王淦昌受我国政府派遣，到联合所任研究员，后来担任副所长。

联合所的加速器，是利用电和磁的作用来加速带电粒子的一种机器，里面有一片片加速电极。当带电粒子经过加速电极时，就被电磁力向前推动一下。通过一节节电极加速后，粒子的能量愈来愈高。如果要使粒子沿着圆形轨道运动，就要用磁力让粒子转弯。这种加速器能产生具有各种能量的粒子，因而是研究原子核物理、高能物理不可缺少的装置。实际上，不少基本粒子都是

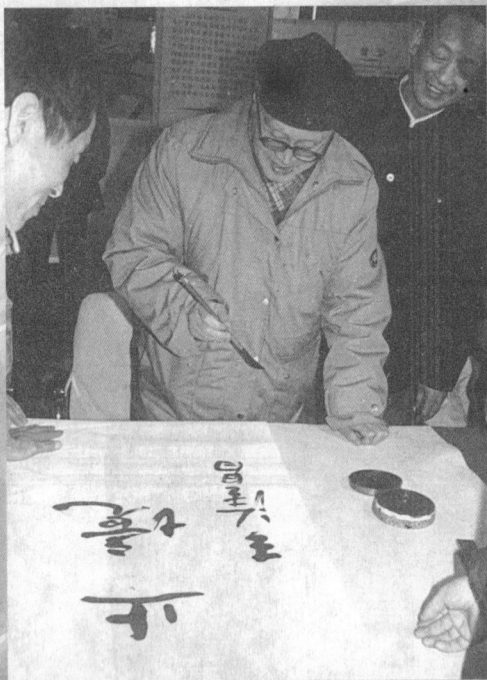

为青年人题词

在加速器上找到的。

1958年9月，加速器经过调试，进入了正常的工作状态，实验正式开始。由王淦昌领导的实验小组，先将实验过程拍摄下来，共拍摄了11万对照片；然后进行"扫描"，以便从这十多万对照片中找出所产生的反超子。

扫描，就是将一对照片放在扫描仪上，用简单的看片器看出照片上的立体图像，然后判断图像上有没有要找的反超子。这是一项又枯燥又辛苦的工作。那时，王淦昌已年

过半百，又是近视眼，戴着眼镜看扫描仪很不方便，但仍坚持和大家一起工作。

1959年3月9日，他们从扫描得到的数万张照片中发现了一个反超子事例。当时，全小组人员真是兴奋极了。出于慎重的考虑，大家又立即进行反复扫描、测量和分析，最后确定这的确是一个反超子，即反西格马负超子。随后，我国的《人民日报》和苏联的《真理报》都报道了这一重大发现，立即在世界科技界引起了强烈的反响。

1972年，美籍物理学家杨振宁到中国访问时，对周恩来总理说："在联合原子核研究所的加速器上所做的唯一值得称道的工作，就是王淦昌先生及其小组对反西格马负超子的发现。"

我国对这项发现十分重视，于1982年授予王淦昌和实验小组中方科研人员丁大钊、王祝翔国家自然科学一等奖。

化名隐身十七年

1960年底，王淦昌在杜布纳联合原子核研究所任期届满，准备回国了。

当时，中国正处在经济困难时期，他为国分忧，多次将节省下来的

钱捐给国家。这次回国之前，他最后一次把节省的14万卢布(旧币)交给中国驻苏大使馆。在联合所的中国工作人员，都惦记着处在经济困难时期的祖国，许多人把节省下来的生活费送到大使馆，表达海外儿女对祖国母亲的心意。

回国后，他在考虑下一步做什么。1961年4月，二机部刘杰部长约他见面。见面后，刘部长开门见山地说："王先生，今天请您来，想请您做一件重要的事情，就是请您参加领导原子弹的研制工作。"随后，刘部长语气坚定地说："有人要卡我们，中国人要争这口气。"他听后心中很不平静。党的信任，人民的重托，自己几十年来的追求、期望，都落实到将要接过的这沉甸甸的担子上。他有许多话要说，但当时只说了一句话："我愿以身许国。"

第二天，他就到二机部九局报到了。九局领导向他提出要求：绝对保密，长期隐姓埋名，并要断绝一切海外关系。他毫不犹豫地回答："可以，我做得到。"

就这样，从那时候起，他就改名叫"王京"，而王淦昌的鼎鼎大名便随之从科技界销声匿迹了。有的知情人为他惋惜，认为他已经功成名就，继续搞下去有可能获诺贝尔奖。但他认为，国家的强盛才是他真正的追求。

与重孙在一起

55

与李觉将军在核电站模型前

为了中国能造出原子弹、氢弹，为了给中国人争口气，他化名隐身整整17年，直到1978年才和外界恢复联系。

我国研制的第一颗原子弹代号为"596"。这是为了让大家牢牢记住1959年6月——苏联撤走专家、停止援助的日子，以激励研制人员自力更生、艰苦奋斗，制造出自己的核武器来。

王淦昌在原子弹研制中，负责全面的实验领导工作。在实验中，熬制炸药包需要用水，科技人员、工人排队传水，王淦昌也在队伍之中；搅拌炸药用的是简陋的木棒，炸药的蒸气弄得工棚里雾气腾腾。那蒸气有毒，会损伤人的肝脾，需要轮班作

业。年近花甲的王淦昌，血压高，眼睛又近视，也拿着木棒前来搅拌，人们不同意，他硬是"加塞"进来。夜里，他还经常强忍着当时饥饿的折磨，指导青年科技人员准备试验条件和进行试验分析，提出下一轮试验的新方案。

实验是在海拔三四千米的高原上进行的，空气稀薄，饭煮不熟，肉煨不烂，青年人都吃不消，何况是王淦昌呢？但他坚持下来了。在实验室和试验场区，他的身影成为一种榜样，一种无声的命令，随时影响、指挥和激励着大家。

他是一位大科学家，又是年过花甲的老人，过去从未洗过衣服，可在青海高原上却要自己在冰冷刺骨的水中洗衣服。别人要帮他洗，他总是摆摆手说："习惯了!"然后依然笑容满面地洗着。

1964年10月16日下午，中国西部浩瀚戈壁晴空万里。15时正，随着一声令下，天崩地裂的一声巨响，一朵硕大无比的蘑菇状"神火"在大漠上空冉冉升腾……

中国第一颗原子弹在罗布泊爆炸成功了。喜讯很快传遍全国，震惊了世界。在试验现场，一群年轻人过来，围着王淦昌跳呀，唱呀，欢欣不已。当时，他激动得连说："真有趣，

王淦昌在秦皇岛

某市的一个故事。该市有一位华裔商人，一些歧视黄种人的德国人经常在他的店门外倒垃圾，这位华裔商人怕被警察罚款，每天早晨都要忍辱清扫。在我国原子弹试爆成功的第二天清晨，他的店门前出现了奇迹：垃圾突然没有了。巡警彬彬有礼地向他道贺："先生，从此以后，再不会有人给您添麻烦了。"店主这才知道，中国有了原子弹。他激动地向祖国遥拜，泪水涟涟地说："我炎黄先祖啊，终于有了这一天……"

太令人高兴了！"他沉浸在无比的幸福之中。

历史会永远记住这一天，这是中国人扬眉吐气的一天，这是中国强盛的象征。有个小故事可以为此作证。

那是在此之前发生在联邦德国

王淦昌用无可辩驳的科学实践验证了自己常说的一句话：我们中国人并不笨，外国人能做的事，我们也能做！

和学生们在一起

一不为名、二不为利。
但工作目标要奔世界先进
水平。

邓稼先

安徽省怀宁县人，1924年生。中共党员。核物理学家。中国科学院院士(学部委员)。1945年毕业于西南联合大学物理系，后在北京大学任教。1948年赴美国留学，1950年获博士学位，同年回国。历任中国科学院近代物理研究所副研究员，第二机械工业部第九研究所理论部主任，第九研究院副院长、院长，国防科工委科技委副主任，核工业部科技委副主任等职。中共第十二届中央委员。1986年逝世。

他领导开展了爆轰物理、流体力学、状态方程、中子运输等基础理论的研究，对原子弹的物理过程进行了大量的模拟计算和分析，迈出了中国独立研究核武器的第一步，为我国的原子弹、氢弹的成功研制做出了重要贡献。

无悔无憾攀云天

—— 核物理学家邓稼先的故事

诺贝尔奖获得者、著名物理学家杨振宁1971年第一次到中国探亲，他要见的第一个朋友就是邓稼先。老朋友、老同学见面后，杨振宁问邓稼先："谁是中国的奥本海默？"奥本海默是美国原子弹设计领导人，被称为"美国原子弹之父"。邓稼先领导设计了中国的原子弹和氢弹，可是那时是严格保密的。对老同学的提问，他笑而不答。杨振宁离开北京时又问邓稼先："听传说，有一名叫寒春的外国人帮助中国搞原子弹，这是真的吗？"因为保密关系，邓稼先只好说："我回去核实一下再告诉你。"周恩来总理得知后，指示："明确告诉杨振宁，中国的原子弹和氢弹全部是由中国人自己研制的，没有一个外国人参加。"邓稼先写了一封信，由专人乘飞机送到上海，在为杨振宁饯行的晚宴上送到他的手中。

1982 年邓稼先在颐和园

1949年邓稼先(中)与杨振宁(左)、杨振平(右)在美国芝加哥大学

杨振宁看到之后，激动不已，流下了热泪。是啊，多少人为中国自己创制出原子弹、氢弹而激动、自豪！

两弹元勋邓稼先去世后，人们深切怀念他。杨振宁盛赞他"为人忠诚纯正"，具有"无私的精神"，作出了"巨大的贡献"，"一生是有方向、有意识地前进的"，"如果稼先再次选择他的途径的话，他仍会走他已走过的道路。这是他的性格与品质。"杨振宁说，如果有人拍纪念邓稼先的影片，建议用如下歌曲作为背景音乐：

中国男儿

中国男儿
要将双手撑天空
长江大河
亚洲之东
峨峨昆仑
古今多少奇丈夫
碎首黄尘
燕然勒功
至今热血犹殷红

铁砚山房孕育的"骨气"

邓稼先出生在安徽省怀宁县白麟坂铁砚山房。这是他的六世祖邓石如的住宅旧址。这里三面环山，一面临河，是一个"四灵山水间"的好地方，真可说是蝉噪林静、鸟鸣山幽的江南仙境。邓石如是清代首屈一指的篆刻家、书法家。因此，铁砚山房在1986年被列为省级重点文物保护单位。

邓稼先的父亲叫邓以蛰，年轻时到日本早稻田大学、美国哥伦比亚大学学习5年，回国后在清华大学任教授。邓稼先8个月就被抱到北平，在"书香门第"里成长起来。他小时候是个好动、好问，有点淘气，感情纯真的孩子。在用指头学数数的时候，他就问："人为什么只长十个指头，数过十个数该怎么办？"

邓稼先5岁开始上学。父亲教导他："你就要成为读书人了。读书人要有三不朽：要修养自己的美德，好一代一代传下去；要学习，要有自己的见解，流传给子孙后代；要用自己的知识本领为社会做一些好事，为后人造福。"邓稼先一生的作为，没有辜负父亲的教诲和期望。

父亲常常让邓稼先站在比他高得多的炉子前，背诵《左传》《诗经》等古书，他是想让孩子知道中国文化里有些什么东西。慈父之心想得多深多远！

邓稼先小时候非常爱玩。他放风筝，抖空竹，弹玻璃球，比同学都技高一筹。一般的空竹玩得不过瘾，就把带把的茶壶、茶碗盖当空竹来玩，玩得非常开心。邓稼先对同学态度诚恳，因此有许多好朋友。有的孩子给他起了个饱含友情色彩的外号"二百五"。其实，他并不傻，学习成绩很好，读书很用功，特别喜欢数学。他常常演算数学题到深夜，演算稿纸丢得满地都是，每天早晨，母亲都要帮他收拾。

父亲喜欢带稼先去听京戏。1930年，京戏大师梅兰芳访美载誉

1949年在美国芝加哥大学物理楼前，杨振宁为邓稼先拍下了这张珍贵的照片

邓稼先与杨振平在芝加哥大学

归来，在北平首演"贵妃醉酒"，父亲用高价买了两张票，叫稼先放学后赶到剧院看戏。但父亲直到看完戏，也没见儿子来。他回家后到儿子房间一看，满地都是演算数学题的稿纸。原来稼先放学后吃完饭，回到屋子里演算起数学题来，就把什么都忘了，直到累得睡着为止。

1937年"七七事变"后，日寇入侵到中国关内。父亲因为得了肺病，身体虚弱，滞留北平，仅靠以往的积蓄过着清贫的日子。一次，一位过去的朋友夹着伪政府公文皮包来找邓以蛰。几句话之后，一贯温文尔雅的

邓教授竟勃然大怒，厉声斥喝："你给我出去！"

邓稼先也具有这种骨气。日寇每次占领我国内地城市之后，都要逼着市民和学生开会进行庆祝。人们是敢怒而不敢言。一次，又开这样的庆祝会。会后，邓稼先积聚在胸中的怒火和仇恨忍无可忍，几下就把手中的小旗子扯碎，扔在地上，还狠狠地踩了几脚。学生们一哄而散。后来，日寇就这件事向稼先所在的志成中学的校长提了出来，校长敷衍说："我们学校的学生不会干这样的事。"志成中学校长是邓稼先父亲的

朋友，他劝邓以蜇："这样下去怕是太危险，想个办法赶快让他走吧！"稼先要离开北平时，妈妈和姐姐都哭了。他对弟弟说：

"毛弟，现在我只有仇恨，没有眼泪。"

父亲对他说："你以后一定要学科学，学科学对国家有用。"

读高二的稼先，与大姐及另外两位教授的夫人、孩子，结伴经上海，跨国境到越南，经过老挝，再入国境到昆明。一年后他到西南联大物理系读书。这里有很多著名的教授，更有着失去家园的痛苦。学生们憋着一口气，拼命学习，以求将来为国家干一番事业。"千年耻，终当雪，中兴业，须人杰"的联大校歌歌词，正是当时师生心情的写照。

邓稼先1948年到美国，由本科生直接转读普波大学的博士学位。他仅用1年零11个月就获得了博士学位，并立即申请回国，谢绝了导师准备带他到英国继续深造的好意。

1950年8月29日，邓稼先等一百五十多名中国学者，登上威尔逊总统号邮轮，启程回国了。

1958年在接受研制原子弹的任务后摄于北京的全家福

1962年在北京大学朗润园，邓稼先一家与父母在一起

隐姓埋名成"元勋"

中国要反对原子弹，就必须拥有原子弹。1957年，经过谈判，苏联答应派专家来帮助中国制造原子弹，我国要派科技人员参加这一工作。负责这一工作并与苏联专家打交道的人，科学水平要高，能力要强，名气又不要太大，还要懂俄语，政治素质好，组织观念强，善于灵活应变。这样的人很难找。选来选去，组织上最后选择了邓稼先。

1958年8月，二机部副部长钱三强把邓稼先找到办公室，对他说："稼先同志，国家要放一个大炮仗，调你去做这项工作。怎么样？"邓稼先立即明白这是什么意思。他知道，搞原子弹，不但很危险、很难，而且不能发表论文，不能公开做报告，甚至与亲友交往都受到极大限制。他二话没说，服从了组织的安排。

这一天，他回家晚了。晚上，他对妻子许鹿希说，自己要调动工作了。妻子问他，调到哪里去？干什么工作？他都说不知道。他们沉默了一会儿，然后他说："我今后恐怕照顾

64

不了这个家了，一切全靠你了。"过了一会儿，他突然又说："我的生命就献给未来的工作了。做好了这件事，我这一生就过得很有意义，就是为它死了也值得。"

邓稼先亲自选了28名应届大学毕业生，作为第一批参加原子弹的研制人员。他们是他的"28宿"。为了保密，他们与亲人"断绝"了正常来往。一干就是28年！

1959年6月，苏联单方面撕毁协议，撤走专家。中国人只有靠自己制造原子弹了！自制原子弹工程的代号为"596"，这代表着无法让人忘记的年月！

我国研制核武器的龙头是二机部，二机部的龙头是九院，九院的龙头是理论设计部。邓稼先是这个部的主任。千斤重担落在他的肩上。

为了设计原子弹，他人变了，性格也变了。过去，他常常流露出自己的个性。有人说他爱看热闹，就连狗打仗也要看上两眼。留美同学还给他送了个"大小孩"的绰号。可是，他到九院后，沉思多了，说话少了，因为他心中只有原子弹。

邓稼先的理论设计部有很多新来的大学毕业生。大家要学习原子弹的有关理论，可是，有关的书很少，有的外文书只有一本，只好先由

1967年邓稼先（右二）与同事们在新疆核试验场，地面上有枯干的树木

一个人翻译过来，再讲给大家听。为了少让别人加班加点，邓稼先晚上看，第二天再给大家讲课。一次，他讲着讲着，手中的粉笔"叭"地一声掉到地上便累得睡着了。

设计原子弹要解决很多问题，推导公式要进行大量计算。当时只有4台手摇计算器和一台速度很慢的电动计算机，大家只好分成三个班轮流进行计算。他们用了9个月时间，反复做了9次计算，计算器的纸带从地面堆到了房顶。为了核对计算结果，判断方案和方法是否正确，

47岁的邓稼先

邓稼先有时要用计算尺进行计算。

邓稼先经常到图书馆去查资料，一看就是几天。一天晚上，他骑自行车回家，在自行车上打了个盹，结果连人带车翻到沟里。可是他却没有醒，他实在太疲劳了。后来他发现四周很黑，还以为是在办公室里没有开灯呢。

邓稼先带领年轻人，终于叩开了原子弹理论的大门。上级又给九院调来了几位著名科学家。在一次向周总理汇报时，邓稼先提出先进行一次"冷试验"，以便验证理论设计是否正确。

1963年初春，邓稼先在长城脚下一个山洞里进行"冷试验"。李觉将军对他说："小邓啊，这太危险了，你的岗位不在这里!"可是，当一个工人焊接引爆电缆头时，因为山风太大，也因为心情很紧张，他的手直打哆嗦，邓稼先就解开大衣扣子，为他挡风，为他壮胆。在插雷管时，他仍然站在那里，为插雷管的人挡风壮胆。

后来，我国在西部大沙漠试验第一颗原子弹，引爆前要由一位工程师登上铁塔，为原子弹插上雷管。这是所有危险工作中最危险的一环。邓稼先和基地总指挥张爱萍、九院院长李觉将军都在铁塔下。邓稼先

1979年邓稼先（左）与赵敬璞（右）在新疆核试验基地的戈壁滩上

对那位工程师说："不要慌，慢慢来。"其实，这也是为他壮胆。

我国第一颗原子弹爆炸成功，邓稼先做出了巨大贡献。后来，国内外把邓稼先誉为中国的"两弹元勋"。

历尽艰险成"福将"

邓稼先不久又接受了领导设计氢弹的任务。周总理说得十分清楚，设计原子弹和氢弹是"两个根本不同的公式，偏偏要由你们一支理论队伍来搞，真是难为你们了"。邓稼

先感到壮心不已，壮志将酬。他领导理论部的科学家们又投入到没日没夜的探索和计算中去了。失败、迷惑拦在他们面前。一天，一位副主任突然发现了一束希望之光，立即用暗语打电话，把在北京的邓稼先叫了回来，研究出一个通往胜利道路的设计方案。经过计算和试验，证明它是正确的。这为我国第一颗氢弹成功爆炸奠定了基础。

在他1986年与世长辞之前，我国进行了32次核试验。其中有15次是由邓稼先在现场主持的，全部获得成功。有人称邓稼先为"福将"。的确，他多次经历了惊险的场面，却都逢凶化吉，取得了胜利。

一次，进行地下核试验。雷管都装好了，突然从后方传来一个惊人的消息：计算表明有个地方出了问题，应当停止这次试验。这真是一个晴天霹雳！他身体本来就不好，又突然出现这样的情况，所以当他乘吉普车来到试验场地竖井处，脚步已有些不稳，医生赶快扶住他。邓稼先亲自下井进行检查，然后陷入了沉思。如果停止试验，起吊已经装好雷管的核弹，万一出事，后果不堪设想；如果进行试验，后方明确说计算结果有问题，试验失败了，损失将是巨大的。怎么办？他井上井下忙了

67

"平生无意争春风"（1981年57岁的邓稼先）

两天两夜，从不同角度检查，用各种方法计算，分析爆炸机理，最后他得出结论：就是计算中有这些问题，也不影响试验。于是，他拍板下令，按原计划引爆。结果完全成功！

还有一次，邓稼先忙完工作，快凌晨五点了，正准备睡一会儿。突然安装车间一位技术人员打来电话，说发生了一个故障。这是一个隐患。他立即乘上汽车，在盘山路上向车间飞驰。车开到一座桥前，司机发现大水把桥面淹没了。邓稼先鼓励司机冲过去。司机说："你是院长，是大科学家，万一出事……"邓稼先急了，说："有故障发生，不能耽误。这个时候，哪还顾得上危险不危险的。"车子冲过去了，司机十分后怕地说："老邓，咱们差那么一点就变成水鬼了。"邓稼先赶到车间，立即组织人力，分成小组，一项一项地检查，到下午四点多钟，终于把故障排除了。

在"文革"后期，核试验也受到了影响。有一次用飞机空投进行一次小型实用化氢弹试验。但是，在罗布泊上空投下氢弹后，没有出现蘑菇云。是不是出了大事故？派了一百名防化兵到现场去找，硬是找不到。

邓稼先决定自己去找，这是非常危险的，大家都不让他去。基地司令员劝阻他说："老邓，你不能去，你的命比我们的命都值钱！"的确，像邓稼先这样领导设计原子弹和氢弹、指挥多次核试验的大科学家，在世界上也确实是屈指可数的。

邓稼先知道，如果找不到那颗下落不明的氢弹，后果真是不堪设想。氢弹用的铀，放射性极强，辐射的射线对人、对物有极大的危害。如果让它自然衰减，要24000年才能衰减一半；射线照射到人身上，它在人体内要200年才能衰减一半。所以，邓稼先拒绝了大家的劝阻，跳上了吉普车。这时，二机部副部长赵敬璞也抢身上了吉普车。他们冒着极大的危险，驱车前往现场。他们终于在距离预爆中心地点很远的地方，发现了从高空直接摔下来的已经破碎的核弹片。下车后，赵部长径直向核弹残骸走去。邓稼先一反常态，厉声地叫道："给我站住！"邓稼先知道，多接近一步残骸，就多一份危险。邓稼先首先走近残骸，进行观察，他捧着碎片，对赵敬璞说："赵部长，平

同窗友情胜兄弟（1986年6月，杨振宁到医院看望病重的邓稼先）

69

"两弹元勋"邓稼先

安无事！"他主动邀请赵敬璞留一张合影。后来，防化兵经过测量，发现邓稼先去的地方核辐射最强。他的身体因此受到了非常严重的伤害。

我们的大科学家，又一次用自己的健康换来了千万人的平安。

功勋千古，泽惠人间

邓稼先工作实在太忙，九院九次组织职工体检，他都漏掉了。有一次他回北京开会，大便困难，疼得坐不下来，妻子许鹿希劝他去检查身体。

一到医院，医生就让他住院，进行切片化验。张爱萍将军问医生："活体检查怎么样？""按常规，一周之后才能知道结果。"医生回答。张爱萍急了，说："我就坐在这里等结果。"结果很快出来了，是直肠癌。后来再进一步检查，癌细胞已经扩散了。

做了三次手术，均未见成效。在癌细胞与核辐射的夹攻下，邓稼先因大出血，与世长辞了。他的临终遗言是：死而无憾。

是的，邓稼先的人生是没有遗憾的人生，是壮丽的人生。他忠诚朴实地把全部身心奉献给自己的祖国，奉献给科学事业。他多次荣获国家自然科学奖和科技进步奖。在他病危之时，中央军委指示为他解密。于是各报刊纷纷报道他的事迹。当时国家许多领导人来看望他，并授予他全国劳动模范称号。

"两弹元勋"四个字概括了邓稼先为祖国奋斗的生涯。这一评价，代表了人们对他永远的怀念。人们会永远记住邓稼先这个名字。

让我们把张爱萍将军所写的悼词再次读给邓稼先听，同时也读给我们自己听吧

踏遍戈壁共草原，二十五年前。连克千重关，群力奋战君当先，捷音频年传。蔑视核讹诈，华夏创新篇。君视名利如粪土，许身国威壮河山。哀君早辞世，功勋泽人间。

功勋泽人间（1994年10月21日，在四川绵阳市人民公园，邓稼先塑像揭幕）

71

创世界先进科技成果，
为祖国富强奉献才能。

毕滂亚

湖北省武汉市人。1924年生。中共党员。核物理学家。中国科学院院士，中国工程院院士。1945年毕业于西南联合大学物理系。1946年赴美国密执安大学从事实验核物理研究工作，获物理学博士学位。1950年春回国。历任北京大学、东北人民大学（现吉林大学）教授，第二机械工业部原子能研究所研究室副主任，核武器研究所副所长、核武器研究院副院长，国防科委副主任，国防科工委科技委主任，第四届中国科学技术协会主席，中国工程院首任院长、国务院学位委员会副主任委员等职。现任第九届全国政协副主席，中国人民解放军总装备部科技委主任，中国科学技术协会名誉主席。

1957年从事核反应堆的研究工作，领导设计、建成轻水零功率装置并开展了核物理试验，跨出了我国自行设计、建造核反应堆的第一步。他是我国核武器研制的科学技术领导人之一。20世纪70年代以来参与组织秦山核电站筹建和放射性同位素的应用开发研究，80年代后参与国家高技术研究发展计划的制定与实施和国防科技发展战略研究的工作。

倾情尖端

—— 核物理学家朱光亚的故事

1999年9月18日在人民大会堂举行的"两弹一星"表彰大会上，江泽民主席亲自给23位"两弹一星"功勋科学家颁发了奖章。人们从电视中和报纸上看到了朱光亚。那是一张珍贵的历史照片，它留下了作为科学家和领导人的朱光亚的谦和的风范 —— 少先队员向功勋科学家献花，记者手捧摄像机蜂拥而上，这一瞬间，朱光亚习惯地向后躲了一下，他将被拍摄的最佳位置留给了那些不为人们熟悉的科学家。这就是我们要了解的中国核科学技术主要的开拓者 ——朱光亚。

朱光亚坐拥书城，孜孜不倦

名师出高徒

1924 年，朱光亚出生于湖北宜昌。不久，他随着父亲来到武汉，在武汉接受了最初的教育。朱光亚家庭算不上是"书香门第"，但是父亲坚持让童年的朱光亚进了第一流的学校。从汉口第一小学毕业后，朱光亚进了圣保罗中学学习。

1938 年，抗日战争爆发后的第二年，刚刚初中毕业的朱光亚和两个哥哥为了避开战乱，来到了四川，先后就读于崇敬中学、江北清华中学和重庆南开中学。

在南开中学读高中时，朱光亚对数学、物理、化学产生了浓厚兴趣，南开中学的老师用知识和鼓励将朱光亚带进了自然科学的广阔天地。在南开中学，朱光亚遇上了现在的南京大学教授、中国科学院院士魏荣爵老师。魏老师讲授的物理学生动而精辟，紧紧抓住了第一次步入物理学殿堂的青年人，激起了朱光亚的兴趣。1941年，朱光亚考进了

1947 年留学美国密执安大学的暑期留影

中央大学物理系。讲授大学一年级普通物理学的是刚从美国留学归来的赵广增教授，赵教授后来是北京大学物理系主任。赵老师的讲学深入浅出，经常辅以科学前沿知识的介绍，枯燥的物理学被他描绘得五颜六色，众多的原理和计算与人们的生活和未来是如此的接近。朱光亚后来回忆说："用现在的眼光看，我在高中和大学一年级所受的物理教育更多的是科普教育，它深深打动了我，成为我的志向。"可见科普是一扇大门，吸引着千万初学者。这也是朱光亚成为科技工作领导者之后一再呼吁加强科普教育的原因之一。

1942年夏，昆明西南联合大学在重庆招收大学二年级插班生。朱光亚背着中央大学报名应试，顺利地转学到西南联大。在这所高等学府，朱光亚遇到了周培源、赵忠尧、王竹溪、叶企孙、饶毓泰、吴有训、朱物华、吴大猷等一代物理学宗师。朱光亚流连在中国现代物理学的最高层，享受着得天独厚的雨露。名师出高徒，朱光亚脱颖而出。坚实的学业基础使得他1945年毕业时被留校任教。

抗战胜利后，取代史迪威担任中国战区参谋长的魏德迈将军曾有

与钱学森在一起

意无意地向蒋介石透露中国是否有兴趣派人去美国，学习制造原子弹的技术。国民党当局立即找西南联大的数学家华罗庚和物理学家吴大猷商议，决定选派一批优秀人才，前往美国考察、学习。吴大猷推荐了原子物理学方面的李政道和朱光亚。华罗庚推举了孙本旺，还有化学家唐敖庆等人。当然，美国不会真的教别人制造原子弹。朱光亚选择了美国密执安大学进行核物理实验的学习。这段小小的插曲对朱光亚来说颇有无心插柳柳成荫的味道，在若

朱光亚与王淦昌愉快交谈

干年后他真的搞起了原子弹。

蘑菇云下的交响曲

1956年，根据周恩来总理主持制订的我国第一个科学规划，新中国决定发展自己的原子能事业。这年朱光亚回到了北京大学，参与组建原子能专业，担负起我国培养第一批原子能专业人才的重任。

1958年6月，毛泽东主席在中央军委扩大会议上说："原子弹就是这么大的东西，可是没有这东西人家说你不算数，那么好吧，我们就搞一点吧。搞一点原子弹、氢弹，我看10年功夫完全可能。"不久，朱光亚被调到核工业部原子能研究所任研究员，专门从事中子物理和反应堆物理研究。朱光亚的这一次调动注定了他一生与中国的原子弹、原子能事业永远地结下了不解之缘，"两弹一星"业绩将与他共存。

1959年6月，苏联政府单方面撕毁了中苏双方原来签订的国防部技术协定，拒绝向中国提供原子弹样品和生产原子弹的技术资料。面对严峻的经济形势和险恶的国际环境，中国人表现出了不屈不挠的志气，中国的"曼哈顿工程"——"596"计划加快了速度。

朱光亚和邓稼先共同协作，筹办核武器研制工作，组织队伍，顺利实施着中国自行研制核武器的计划。此时朱光亚才三十多岁，就已成为中国第一颗原子弹研制工作的主要组织领导人之一。在研制的关键时刻，他还承担了诸如中子点火等主要技术课题的攻关指导工作。

1964年10月16日，王淦昌、朱光亚、邓稼先和张爱萍等人守候在孔雀河畔的小山丘上……14点58分10秒，电钮启动了，云蒸霞蔚的蘑菇云腾空而起。看着倾注了自己心血的原子弹爆炸的壮观景象，朱光亚禁不住流下了喜悦的泪水。他左右一看，王淦昌、邓稼先、彭桓武也个个泪流满面！

朱光亚酷爱欧洲古典音乐，尤其喜欢交响乐。然而这一天，朱光亚的音乐细胞受到了另一番更深刻的洗礼，空中的轰鸣声和长时间翻滚着的隆隆声，地上人们忘情的欢呼雀跃声和自己心中压不住的畅想，

1990年10月，张爱萍和朱光亚亲切交谈

朱光亚、王淦昌与聂荣臻元帅在试验现场

那才是真正的传世交响曲。朱光亚甚至有点懊悔自己不能将那种感受用音乐表达出来。

第一颗原子弹研制成功后，朱光亚又参与领导了氢弹的探索和研究工作。1966年底，在中国热核武器发展史上有着非常重要意义的氢弹原理试验，获得圆满成功。在试验现场的朱光亚、王淦昌兴奋地围着聂荣臻元帅，他们边走边说。不知是哪位拍下了这张珍贵的历史照片。1967年6月17日，中国第一颗氢弹爆炸成功，强烈的冲击波又一次震撼了全球。这次爆炸获得百万吨级梯恩梯当量的核聚变能量。

从原子弹到氢弹，美国用了7年多的时间，前苏联用了4年时间，英国用了4年多的时间，法国用了7年时间，而我国只用了2年零8个月。一则评论概括道："无论是原子弹还是氢弹的研制，从组建队伍到创造条件，从选定攻关方案到科学实验，环环相扣，没有一环不浸透着朱光亚的心血。"

科学家的心声

中国的核武器发展增强了中国的综合国力，促进了中国各项事业的健康发展。然而世界范围的核竞赛却是一场恶梦，人类赖以生存的地球面临着毁灭的厄运。美国现在拥有28.53亿吨梯恩梯当量的核弹，在美国的核武器库中约有1万枚核弹头，这还不包括战术核武器。前苏联拥有46.64亿吨梯恩梯当量的核弹，9000枚核弹头，英国有64枚核弹头，法国有22枚核弹头。

人类生存的蓝色地球如此地不完美，如此数量的核武器，可以杀死2000亿人，也就是说可以毁灭人类30次。朱光亚对此有着非常清醒的认识。他利用自己的知识和职务积极参与了核能技术的和平利用与发展。自70年代以来，朱光亚调到了国防科工委任副主任。在负责核技术发展的同时，他更注重原子能技术在国民经济中的应用与发展。朱光亚参与组织了我国第一座核电站——秦山30万千瓦核电站的筹建，开展核燃料的生产和放射性同位素应用等

1992年江泽民总书记亲切接见朱光亚

李鹏在中南海与朱光亚亲切握手

项目的研究开发工作。

朱光亚对秦山核电站倾注了与研制原子弹一样的情感，他对原子能的认识远远超出一般人的见解。朱光亚认为人类社会进步、发展水平的最重要标志就是人们对自然资源，尤其是对能源的开发、利用以及可持续发展。由于他的高瞻远瞩，他的职务也在他本人的学术、专业以外发展着。作为国防科工委科学技术委员会主任，他全面担负起了领导和组织国防科技发展战略研究的重担。他主持的由军内外二百多名

专家参加的 "2000 年中国国防科学技术" 研究工作，获全军科技进步一等奖。

20 世纪 80 年代中期，作为国务院高新技术协调指导小组成员，朱光亚参与了 "863 计划" 的制定和实施，并负责其中两个研究领域的指导工作。

90 年代中期，和平与发展主旋律响彻世界，但是核力量的战略地位还未改变，它也仍然是国家综合国力的重要标志之一。我国虽然一贯主张全面禁止和彻底销毁核武器，

但要实现这一目标还有着艰难的路程要走，尤其到了20世纪90年代末，国际强权势力有所抬头，主要国家之间和平与冷战交织在一起。如何在这场智力与武力的较量中把握主动便成了制胜的关键。朱光亚早已敏锐地觉察到了这个问题。他一直关注军控问题的研究，与他人合写的《浅谈军备控制中的物理学问题》创造性地将军备控制物理学作为物理学应用研究的一个新的分支，使这一关系到国家安全和人民安危的研究工作成为一项科学研究课题，成为一个理性学术活动，从而确保了该工作能够在严谨的大系统环境中得到最佳模型。朱光亚用科学家的敏锐目光将一件习惯于由首长拍板的重大战略性问题纳入了科学研究和科学史的范畴。这是朱光亚对我国国防工业的重要贡献。

领衔工程院

中国工程院的成立不仅标志着中国又诞生了一个最高学术机构，而且标志着中国正在汇入现代科学技术发展的历史潮流。

1992年4月，著名科学家张光年、王大珩、师昌绪、罗沛霖等结合国内外科技发展的现状和趋势，联合提出关于早日建立中国工程与技术科学院的建议不久，朱光亚参加了中国工程院筹备领导小组的工作，为工程院的建立做了大量的理论和技术方面的准备。

朱光亚认为，20世纪初以来，特别是第二次世界大战以后，核能技术、空间技术、信息技术、生物技术和新材料技术等带动了技术革命，通过工程技术的成功应用，实现了社会生产力的大幅度提高和经济的飞速发展。在我国，特别是新中国成立以后，我们建立了独立的完整的工业体系，煤炭工业机械化开采和特殊地质条件下的开采技术已达到

思索

81

坚毅的性格、冷静的思考、果断的决策

世界先进水平，卫星技术、发射技术、测控技术、光纤通信技术等方面的成就，足以表明我国在发展工程技术及基础工程建设方面也是有能力立足于世界先进行列的。

朱光亚认为：加速中国工程技术的发展，加强工程技术人才的培养和队伍的建设，对实现中国经济发展的宏伟目标有着十分重要的意义。朱光亚的努力宣传得到了中国最高领导人的回应。

中国工程院成立后，朱光亚被选为院长。面对记者，朱光亚的回答平静而自信。有人说，这也许是他几十年来在国防科技事业中形成的独特气质。

身居要津

以科学家的身份进入国家领导人行列的人并不多，朱光亚是其中之一。1994年3月19日，出席全国政协八届二次会议的2000名全国政协委员将96%的选票投给了朱光亚，选他为全国政协副主席。在满堂的掌声中，这位年近古稀、白发萧疏、面容清癯的著名学者，登上了人民大会堂的主席台，和关注他的人们见面了。在政协会议上，朱光亚代表中国科协作了长篇发言，呼吁全社会切实尊重科学，用科学精神、科学态度和科学方法来处理、对待改革开放和现代化建设的各项任务。朱光亚强调法制建设要进一步尊重科学，依靠科学，要为科技工作者宣传科学、普及科学知识、揭露伪科学、伪商品、虚假广告提供法律保障，使"尊重知识，尊重人才"的社会风气进一步得到弘扬。

从以上的观点可以看出，朱光亚在领导岗位上进入了"角色"。作为科学家，他善于创新、攻关，做出了举世瞩目的光辉业绩，"两弹一星"的功勋章自然挂在了他的身上。作为领导人，他同样高瞻远瞩，在科学的判断和决策中从容自如。他负责与海内外科技界的联系工作。他安排和接待了从台湾回大陆访问的老师吴大猷教授。这位曾推荐朱光

朱光亚（左三）与王淦昌（左一）、彭桓武（左二）、于敏（左四）在一起

朱光亚与校友们

科学家的另一面

亚到美国学习研究原子弹的科技泰斗，望着自己心爱的学生，心中充满了喜悦之情。随之而来的两岸统一，祖国强大的话题便显得轻松自如起来。他们师生的见面一时间成为海内外学者传诵的佳话。朱光亚对自己尊敬的老师表达了深深的敬意，其学者风度和中国古老的优良传统恰如其分地在政治活动中发挥了作用，给人们留下了深刻的印象。

接触过朱光亚的人都认为，谦虚是他一贯的美德。他从不以权威的身份自居。在学术问题上，他严肃认真，非常注意倾听同事的意见；工作中，他一丝不苟，对事业精益求精。每当遇到有人问及中国核技术的成就时，他总是温和地一笑说："已经取得了重大成就，是许多同志共同做的，我个人并没有什么值得称道的。"

朱光亚的事业是严肃的。生活中的他也充满了情趣。他喜欢古典音乐，所以在原子弹起爆时想到了恢宏的交响乐。他喜欢书籍，他家中的书柜中堆满了专业书籍和文学名著。

朱光亚喜欢体育运动。五六十年代，他迷上了乒乓球和篮球。他至今还清晰地记得我国优秀乒乓球队员打败对手的十二大板，长了多少中国人的志气。当时朱光亚正处在原子弹研制的最困难时期，乒乓健儿的这种拼搏精神深深地感染了朱光亚。

朱光亚的另一个爱好是爬山、骑自行车。朱光亚参加核工业三线建设基地的选址，在大西南天天翻山越岭。可惜的是，他至今还没上过峨嵋山。他的个人生活十分简朴。他身居要津，按规定配有专车。但节假日出门，他却喜欢骑着那辆50年代初就伴随他的旧自行车，直到几年前由他妻子作主才换了一辆新的。

这就是我们著名的科学家朱光亚的故事。

朱光亚与夫人许慧君教授同小孙子在一起

实干、认真。

孙家栋

辽宁省复县人。1929年生。中共党员。运载火箭与卫星技术专家,中国科学院院士,国际宇航科学院院士。

1958年毕业于苏联莫斯科茹科夫斯基空军工程学院,获金质奖章,同年回国。历任国防部五院一分院总体设计部室主任、部副主任。1967年调入中国空间技术研究院,历任院总体设计部副主任、主任、副院长、院长,第七机械工业部总工程师,航天工业部科技委副主任,航天工业部副部长,航空航天工业部副部长,航空航天工业部科技委主任。

在1967年以前,他先后领导和参加我国第一枚自行设计的液体中近程弹道地地导弹与液体中程弹道地地导弹的研制试验工作。1967年以后,开始从事人造地球卫星的研制试验工作。在我国第一颗人造地球卫星的研制过程中,作为技术总负责人,他主持完成卫星总体和各分系统技术方案的修改工作。在研制试验过程中,他深入实际,艰苦奋斗,带领科技人员攻克了多项关键性技术难关,解决了一系列技术问题。他为我国"东方红一号"卫星成功发射做出了重要贡献。

造一辈子中国星

—— 运载火箭与卫星技术专家孙家栋的故事

岁月匆匆，时光如流。多少显赫往事在人类延绵不断的发展中，化作一抹烟云。然而，1970 年 4 月 24 日，茫茫宇宙间一颗会唱歌的人造卫星，为中华民族留下了不可磨灭的骄傲，为我们这个文明古国进入太空时代拉开了帷幕。

在众多的造星人中，有一个名字是与中国第一星密不可分的。他叫孙家栋 ——"东方红一号"的总设计师。

心星相印不了情

孙家栋是地地道道的"追星族"。他这一辈子都在忙着向茫茫太空镶嵌中国星。

1967 年建军节的前三天，正在忙于搞导弹设计的孙家栋突然接到上级的通知：为了确保第一颗人造卫星的研制工作顺利进行，中央决定组建中国空间技术研究院，由钱学森担任院长，经钱学森推荐，调他去负责第一颗人造卫星的总体设计工作。37 岁的孙家栋当时正出色地工作在导弹总体设计部副主任的岗位上，当他听说国家需要自己承担新的任务时，他二话没说就改了行。他意识到自己这一生要与卫星相伴到永远了。

他太想造星了。那是 1957 年 10

运筹帷幄

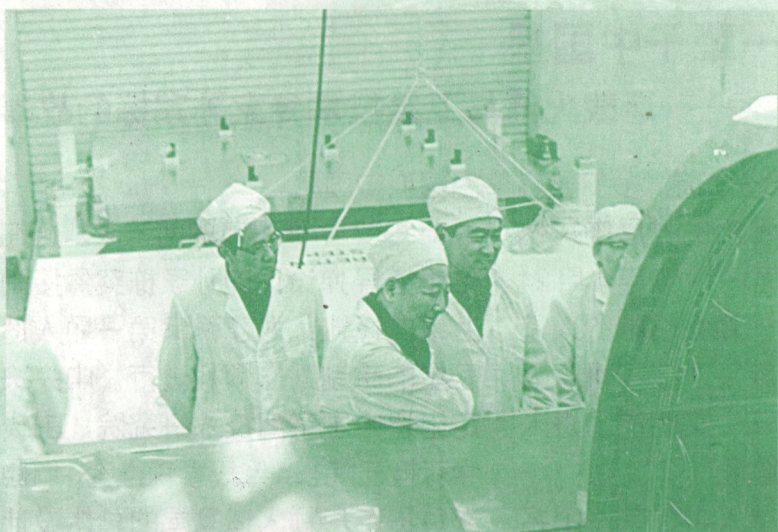

在卫星科研
生产第一线

月，当苏联的第一颗人造卫星在全世界的惊诧声中遨游太空时，他正在苏联的茹科夫斯基空军工程学院学习。这颗小星强烈地撞击着他的心扉："我的祖国何时也能飞出一颗星啊！"然而，岁月一年年流逝，当天穹上又挂上了美国星、法国星、英国星时，中国星还是一个也没有出现。所以一想到造中国星，他就干劲十足。

他根据卫星工程的复杂性、系统性，提出了组建总体设计部的指导思想、组织体制和管理办法，并用一年时间完成总体部的组建任务。但是光有架子没有人也不行。那时正处在"文革"的非常时期，帮派林立，想抽调优秀人才阻力重重，万一有个"出身"不好、历史不清的人被

重用，难免不被扣上"反革命"的帽子。但是孙家栋不信这个邪，他说："中国星不是这派那派的，它属于全国人民。"有了这样的共识，各派都平静下来了。于是，他从研制卫星的需要出发，挑选人才。短短两个月的时间，他就选出了18名干将，充实到研制第一线。从此，卫星总体部如虎添翼高速运转起来。

在中国第一星的研制过程中，孙家栋感到，早期形成的卫星总体设计方案难度太大。以当时中国的国情和技术基础、工业水平，如果把卫星的技术指标定得过高，只有付出高昂的代价、走一段很长的弯路才能实现。因此，应当遵循中央确定的由简到繁、由易到难、循序渐进的发展方针来对待卫星的研制。他微

笑着把自己的意见告诉同事和领导，多方听取意见，终于得到了各路专家的支持。

1967年12月，孙家栋主持了中国第一星技术方案的重新论证工作，简化了卫星的设计方案，去掉了卫星上的许多探测仪器，确定中国第一星是试验卫星，不追求高难技术。只要做到"上得去"、"抓得住"、"看得见"、"听得到"，就是成功。这四个"得"是国家对"东方红一号"的基本要求。上得去，指发射成功，卫星准确入轨；抓得住，指地面遥测站能跟上卫星；看得见，指卫星要达到北极星的亮度，在地面用肉眼就能看见；听得到，指在地面能收听到卫星放出的《东方红》乐曲。1968年1月，国家正式批准了这一方案，中国第一星有了大名——"东方红一号"。

实事求是讲真话

科学来不得半点虚假。别看孙家栋平时总是乐呵呵的，一旦遇到较劲儿的关头，他可从来没有笑脸。

卫星总装厂房里总有他的身影

1969年10月，"东方红一号"卫星初样完成，钱学森带孙家栋等人向周总理汇报。这天清晨，孙家栋又刮脸又换衣，收拾得干净利索，登上了去人民大会堂的汽车。初见总理，孙家栋还有点儿紧张，生怕忘记了汇报的内容。这时钱学森把孙家栋介绍给了总理，总理拉着孙家栋的手风趣地说："哟，这么年轻的卫星专家，还是小伙子嘛。"孙家栋顿时满脸绯红，原来紧张的神经一下子松弛下来。总理仔细地询问了卫星的测试结果和质量状况，对孙家栋的回答频频点头表示满意。这时，孙家栋话锋一转，提出了一个十分棘手的问题请总理裁决："不知从什么时候起，卫星上的许多仪器设备都镶嵌着毛主席像章和语录，大家热爱毛主席的心情可以理解，但是它影响卫星的散热，加重了卫星的重量，还可能对卫星的姿态产生不利影响。我们觉得这么搞不合适，但谁也……"孙家栋的话没有说完，但话中之意已经挑明。

签订对外发射服务合同

工作，是他的乐趣

　　在那个年月，有谁敢提这样的问题？又有谁敢拿掉那些神圣的标记？但是血气方刚的孙家栋，却大胆地把问题摆到了共和国总理的面前。

　　总理的表情变得严肃起来，他用沉重的口气说："搞那个干什么，掉下来人家会说怪话。"总理抬起左手，环指着大会堂福建厅四壁："你看，我们人民大会堂也没有挂毛主席像章和语录。政治挂帅不能像有些人那样搞得那么庸俗，政治挂帅是要把工作做好，你们搞卫星的一定要讲科学。"总理的"裁决"给孙家栋撑了腰，从此那些不该发生的事便逐渐少了起来。

拿着满分布星阵

　　孙家栋有着扎实的专业根基，是一个务实而又能干的人。

　　他 1929 年出生在辽宁复县一个中学校长的家庭，父亲处事稳重、治学严谨的作风，给了他良好的熏陶。18 岁的孙家栋以优秀的成绩考入哈尔滨工业大学预科。当时他的最大愿望是去造大桥，没想到，学校新设的汽车专业又吸引了他。那时是1948 年，汽车是最高级的奢侈品。毫无疑问，造汽车比造大桥要刺激得多、神圣得多。汽车还没有见到影子，1950 年，人民解放军组建空军，又把学了两年俄语的孙家栋作为急需人才调到飞行员培训队当俄语翻译。穿上军装的孙家栋只好把造大桥、造汽车的梦锁进了个人记忆的深处。他未曾想到，20 年后他居然把大桥造成了天桥，把汽车变成了卫星开进了太空。

出席九届人大二次会议

1951年8月，孙家栋一行30人被选送到苏联留学，他在茹科夫斯基空军工程学院攻读飞机设计专业。当时所有的学费和生活费都由国家负担，临行前部队还为他们到王府井买了高级毛哔叽定制了军装。国家对他们的关心和期待，化作了每一位莘莘学子刻苦学习的动力。孙家栋学习十分用功，几乎每天晚上看完电视新闻后都攻读到深夜。他的同学回忆说，孙家栋记忆力特别好，课本上的内容他连续读几遍就能背下来，每次考试他答得又快又

好。茹科夫斯基空军工程学院有个规矩：把每学期考试得满分的同学的照片挂在学院门厅最醒目的地方，第二年仍然保持满分的，照片就向上挪，越到上面，人数就越少，照片就越大。谁要是毕业时能得到一张大照片，谁便可以获一枚学院的金质奖章。凡获奖章者，分配时可以优先选择专业，军衔、工资比别人高一级，还可以享受3个月的双薪休假。孙家栋是中国留学生中的佼佼者，他5年学业年年优秀，1958年毕业时，他捧回了一枚印有斯大林头像的金质奖章。

回国后，孙家栋被分配到国防部第五研究院参与导弹设计。他参加设计的第一枚导弹，便是"苏联老大哥"送来的二战时缴获德国的P-2导弹。当然，那时还谈不上设计，只是仿制。刚开始时，苏联专家十分慷慨，无私地传授着技术；但是随着中苏两国关系的恶化，苏联停止了援助，撤走了专家，带走了图纸，中国人不得不走上一条自力更生的道路。孙家栋和他的伙伴们憋着一口气，硬是吃透了苏联人的技术，很快攻克了导弹研制的难关。在这段日子里，他先后担任了研究室主任、总体部副主任。1962年，他成了中国第一枚自行设计的中近程战略导弹总体

主任设计师。通过导弹总体的研制实践，钱学森对这个年轻人很有好感，点名要他参加第一颗人造卫星的研制。

从37岁开始，他一直活跃在"星坛"上。20世纪60年代，在主持"东方红一号"卫星的总体设计方案不久，他又当上了中国第一颗返回式卫星的总设计师。他大胆采用新的科技成果，使卫星回收率达到世界先进水平。70年代，他又掌起了第一颗通信卫星"东方红二号"的帅印，使中国成为世界上第五个能发射通信卫星的国家。80年代，新一代大容量通信卫星"东方红三号"总设计师的重任又落到了他的肩上。"东方红三号"的成功发射，使我国通信卫星的水平与世界水平的差距缩小了一大截。然后，"风云二号"气象卫星和"资源一号"卫星的总体设计任务也落在他的肩上。

从1970年到2000年的30年间，一共有近50颗中国星挂上苍穹。孙家栋已经说不清哪颗星上流溢着自己的多少心血和汗水，但把自己生命的全部融入了每一颗星。这一点是毫无疑义的。

空屋不见夜归人

孙家栋有一个贤慧的夫人，她叫魏素萍，是医科大学的毕业生，在一家医院里当内科副主任，后来为了照顾孙家栋改行做了行政工作。

孙家栋与夫人相敬如宾。"文革"期间，他有半年时间"靠边站"，终于过了一把"主妇瘾"。他买菜、做饭样样行，特别是他的一双巧手竟会裁衣服。那时候知识分子经济

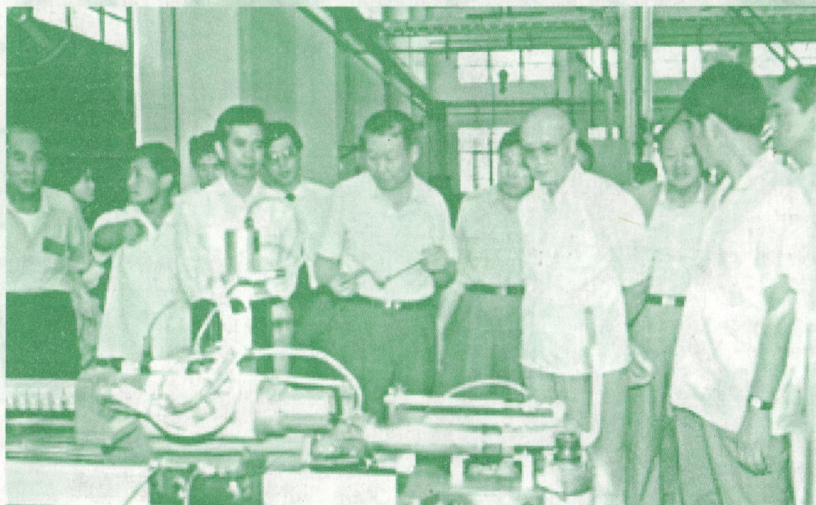

现场指导工作

拮据，他的"手艺"可解决了不少问题。

在20世纪60年代，研制导弹、卫星是件很神秘的事，也是国家的顶级机密。有时夫妻间也不知道对方是造导弹的。单位的地址更不能公开，写信只能写XX信箱XX号。当时还闹过一个笑话，一位农村老大娘进北京找领导告状，说她儿子的单位虐待人，竟然让她的儿子住在信箱里。孙家栋是搞导弹卫星的，家里一来人，谈的全是那些秘密事，可是他家只有一间屋。于是，孙家栋的客人一来，他夫人就只好躲到外面去。他家门外的小走廊，成了魏素萍练"站功"的地方。

1967年，"东方红一号"卫星的工作开始紧张起来，孙家栋常常在单位里吃住，很少回家。这时，孙家栋的女儿出生了，医生、护士们都为他家高兴，打电话向他报喜。可是一天、两天过去了，孙家栋连个影子也找不着，直到第三天晚上七八点钟，他才风尘仆仆匆匆归来。看到女儿，他愧疚地对妻子说："真难为你了，可是……我今晚还要赶回去，有急事。"魏素萍听了心里很难受，但是过了一会儿，气也就消了。共同生活了这么多年，他心里想的是什么，魏素萍再清楚不过了。

"文革"后的一年，孙家栋的单位组织家属们去卫星发射基地参观发射，以便家属们更加了解、支持亲人的工作。当时孙家栋早已在基地

在"东方红二号"25岁生日那天与老战友重逢

考察火箭发射场

指挥"战斗"了。魏素萍到后，秘书问她是否要和孙家栋住在一起，魏素萍说："算了吧，我还是别特殊，和家属们一起住吧。"她心里想，自己要在基地住10天，哪天还不能和丈夫唠唠家常。谁知，她一连9天都没能见到丈夫，哪次去他的房间，都是空屋不见人。孙家栋一会儿在厂房里，一会儿在发射阵地上，每天很晚才回宿舍。临发射那一天，有人给魏素萍出主意，你就在发射指挥大厅门口堵着，发射完了不愁他不出来。可是发射完毕后，一拨又一拨人都出来了，还是没有见到孙家栋。一打听，指挥部的人告诉她："火箭一升空，他就乘专机去西安测空中心判读数据了。"

代表中国闯市场

1985年，中国政府宣布对外承揽卫星发射服务，也就是用中国的火箭发射外国卫星，赚外国人的钱来发展、提高中国火箭的技术。当时，国际市场竞争十分激烈，为了限制中国高新技术的发展，美国政府设置了很多障碍，不让美制卫星运到中国，用中国火箭发射。已经担任航天部副部长的孙家栋为了国家利益，率领中国代表团反复与美方交涉、谈判，寻找突破口。

1988年，里根政府通过驻华使馆向中方提出，要想发射美国卫星，还需两国政府间签署三个协议。做到了这一点，美国才发放卫星出口许可证。

在西昌卫星发射中心接待国外客户

这三个协议的条件是非常苛刻的。譬如，美国规定中国5年内最多只能发射8颗美制卫星，多了不行；再如，他们不允许中国火箭自行定价，必须比照美国的火箭价格来定价。谁都知道，中国"长征"系列火箭的最大竞争优势是物美价廉，如果价格提到和美国火箭一样高，谁还愿意用中国的火箭呢？

特别令人气愤的是，美方在协议中竟然提出"防止中国火箭扰乱国际市场"这样的条款。孙家栋和他的谈判团成员对此义愤填膺，围绕配额、价格等焦点问题同美国人极力论争，谈判进行得相当艰苦，有时甚至到了不得不休会的白热化程度。

1988年10月12日，孙家栋带领谈判班子先后在北京、华盛顿进行了两轮谈判，经过2个月的拉锯战，美方终于做了让步，修改了一切不实、苛刻条款。1988年12月17日，双方签署了两项协议。这时已快到圣诞节了，美国官员们大多已经预订节前外出度假的机票，他们的妻子儿女们甚至跑到会场外要求散会。孙家栋一边出来向他们的家属表示歉意，一边抓住美国官员无心恋战的心理死死拖住他们。从早上谈到下午，又从下午谈到晚上，直到12月22日，终于迫使美方做出了让步。要知道，美方代表全是商业部的谈判高手，有的是资深律师，有的是外贸专家，而孙家栋和他的谈判团却全是头次上阵的新手。他们的执着和敬业，着实令美国同行赞叹，后来许多谈判的对手都成了支持中国对外发射服务的朋友。1989年1月26日，中国同美国最终签署了三份文件，中国人拿到了进入国际火箭市场的入场券。

1990年4月8日，中国首次用"长征"火箭发射了美制"亚洲一号"卫星。在庆贺发射成功的鞭炮声中，孙家栋尽情地笑着。他深知，这份发射合同是多么来之不易。

为了让中国的高技术产品扬眉吐气地跻身国际市场，孙家栋还多次奔波于中、美之间。1994年12月，为了续签中美发射合同，孙家栋再一次担任了谈判团团长。通过整整三天三夜的艰苦谈判，孙家栋带领大家闯过了阻挠、非难、误解等一系列难关，有理有节、有根有据地同美方代表团辩论，最终使双方达成了谅解。在新的合同备忘录签字的前一刻，孙家栋再也挺不住了，他晕倒在谈判间里。同事们说，他花费在谈判上的心血，绝不亚于研制一颗新的卫星。

尽管孙家栋现在已经到了古稀之年，但他作为中国新一代通信卫星、气象卫星、资源卫星工程的技术指挥，肩上的担子还很重很重。

暇时，孙家栋总爱遥望深邃的星空。他常在星空下盘算：自己这一辈子还要在天庭上再挂几颗中国星？

勋章上也有老伴的一半

勤奋和努力会获得成功。

任新民

安徽省宁国市人。1915年生。中共党员。航天技术和火箭发动机专家。中国科学院院士，国际宇航科学院院士。1940年毕业于中央大学。1945年赴美国密歇根大学研究院留学，获机械工程硕士和工程力学博士学位。1949年回国。曾在华东军区工作，1952年在哈尔滨军事工程学院任教，1956年参加筹建国防部五院工作，后任第七机械工业部副部长、航天工业部科技委主任，航空航天工业部高级顾问。

1964年，他作为型号副总设计师，领导和参加了第一个自行设计的液体中近程弹道式地地导弹液体火箭发动机的研制工作，为我国的导弹和卫星的研制成功做出了重要贡献。

灿烂星河铺天路

—— 航天技术和火箭发动机专家任新民的故事

他的名字在中国航天界如雷贯耳。中国发射的所有导弹、火箭、卫星几乎都和他有着千丝万缕的联系，他的头衔闪耀着神秘的光环：中国第一代液体导弹专家，第一枚长征火箭总设计师，通信卫星工程总设计师，气象卫星工程总设计师，发射外星工程总设计师……

他就是任新民。用他自己的话来说，是一个筑造天路的铺路匠。

考察带回一肚子气

1956年10月，一个专门研制导弹的秘密机构——国防部第五研究院在北京成立，年轻的共和国急需铸造护身的盾牌以捍卫自己的尊严。

热爱航天事业的任新民

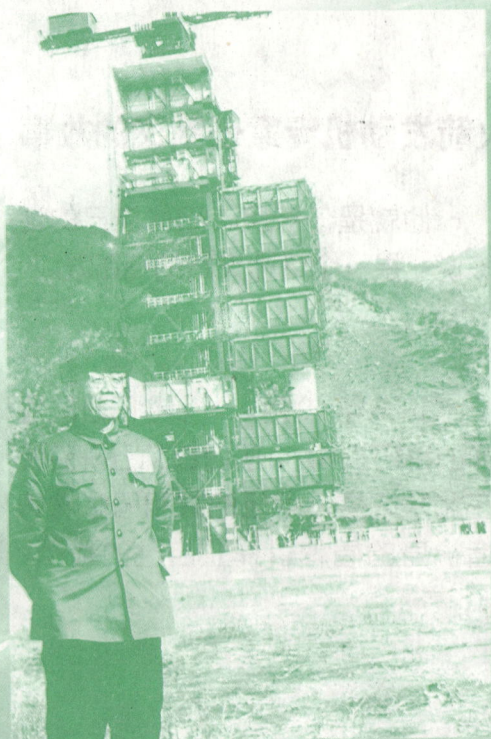

在发射基地

那一年，四面八方的学子精英聚集到这里，他们被称为"航天人"，领头的人是钱学森。钱学森把五院按导弹的专业分成了十个研究室，41岁的任新民被任命为六室主任，负责导弹的总体设计工作。

在研究院里，任新民算得上资深学者。1934年他就读于南京中央大学，1945年考入美国密歇根大学研究院，获得了机械工程硕士和工程力学博士学位。1949年4月，他毅然辞掉在美国的讲师工作，辗转旧金山、香港，又绕道日本，历经四个月才回到祖国。

尽管任新民学识渊博，可是他当时并不懂得如何造导弹。在国防部第五研究院里，除了钱学森和黄纬禄，其他人甚至没有见过真正的导弹。1957年初，钱学森派任新民参加军事院校考察团赴苏联考察，想向"老大哥"讨教一些导弹方面的技术，哪怕是亲眼见一见导弹是啥模样也行。

"老大哥"还是挺够意思的，好吃好喝好招待，名胜古迹敞开看，但是想参观一下他们学校的导弹系，他们却表示为难。考察团提出要看看他们的导弹工厂，他们说，那得经国防部批准。中方找前苏联国防部交涉，得到的答复令人气恼："必须要经过部长会议同意。"考察团感兴趣的地方，都吃了闭门羹。满怀希望的考察团并没有得到希望中的收获。任新民一提起这段往事就诙谐地说："还是有所收获嘛，带回了一肚子气。"

后来聂荣臻元帅率中国政府代表团访苏，专门就新技术援助问题同苏联政府谈判，苏联才同意提供一种叫P-2的导弹样品（其实是二战时德国人的导弹），帮助中国仿制。

1957年严冬，上级派他去满洲里火车站迎接苏联送来的"宝贝"

时，领导对任新民一行人说："这项任务，到死也不能告诉任何人。"卸车了，任新民终于见到了那个油光锃亮、模样有点像大竹笋的真家伙。尽管零下40摄氏度的寒冷冻得他连手都伸不出来，但他的心却由于过分的激动而火烧火燎的。导弹运到北京后，任新民在交接验收表上签了字。

随后，苏联专家来到北京，讲授P-2导弹的知识和技术。任新民虚心地学、用心地记。1958年春夏两季，任新民带领大家翻译导弹图纸资料，光是发动机的图纸资料就有几百本，从中他们学到了不少导弹的知识。

发动机的仿制需要试车，可是任新民却发现苏联人并没有给发动机试车和建试车台的资料。去问苏联专家，他们却说，"等你们造好了发动机，到苏联去试验好了。"面对种种困难，有些同志缺乏信心，出现了一切照搬苏联的倾向。仿制中不敢超越苏联图纸一步，苏联人没有提供的更不敢干，甚至出现了连用

在技术研讨会上发表见解

101

锤子也要用苏联产品的怪事。这下子，任新民一肚子的气再也憋不住了。保卫自己的祖国，怎么能靠别人？他和几个年轻人用土办法上马，用扎实的理论知识指导实践，终于在1960年3月建成了自己设计、制造的大型液体导弹发动机试车台。

好大的脾气

任新民是个很随和的人，生活上马马虎虎，可是在工作上他却非常苛刻。他从1960年当上导弹发动机总设计师以后，就一直是技术上的"大干部"，大家都习惯地称他为任总。在研制一线上工作的科技人员对他又敬又怕：他知识渊博，经验丰富，善于解决技术难题。同时，他眼里容不得沙子，批评起人来，一针见血，毫不留情。

有一次，在火箭发射前的总检查中，遥测信号突然发生了"过压报警"。技术人员查了半天也没有找到原因，这时距预定发射时间只有两天了。有人想反正火箭上有保护装置，这点小毛病不会有什么大问题，于是就不再往下查了。任新民知道了这事，忽地一下变了脸。他急匆匆地赶到测试间，大声吼道："是谁不

深入火箭发射现场指导工作

在质量问题上他从不含糊

想查下去了?" 没人敢吱声。任新民又说:"保护装置是火箭的第二道防线,是发生万一时采取的紧急措施,你们明明知道第一道防线出了问题却不去追查,难道想让火箭带着隐患上天吗?" 大家被震住了,测试间里没有一点声音,任新民满脸涨得通红,斩钉截铁地丢下一句话,拂袖而去:"不查清楚,我让全线停工等着你们!""全线"是什么概念?火箭、卫星、发射场、测控船、地面用户……几十万人参与的整个工程啊!大伙谁也不敢怠慢了,从查图纸开始,一点点细抠,一点点核算,经过一天一夜,终于查清是一根导线接错了。问题解决了,发射成功了,任新民的火气也着实让大家领教了。

还有一次,负责试验人员保健工作的医生,发现年近七十的任新民天天在发射场和年轻人一起爬上爬下,东奔西跑,脸色很不好,身体也消瘦得厉害,屡次劝他去医务室检查一下,可是任新民就是不理会。实在没办法,医生只好到发射塔架的平台上堵住了他。

"又怎么啦?" 任新民问。

"您需要休息,检查一下身体,不能再上塔架了,保证您的健康,这是我的职责。" 医生说。

"你有你的职责,我也有我的职责,我看咱俩就谁也别管谁了吧。" 任新民两句话就把医生噎了回去。

最后,他还是把工作做完了,才跟医生回去。路上,医生批评他:"您

任新民（左三）与发射中国第一星的元老们在一起

是个不讲科学的科学家。"

任新民笑笑说："我承认错误，对不起你了。"检讨明显地透出言不由衷。

医生真是有点哭笑不得、进退两难，又要保证任新民的健康，又怕他发火。

任新民火气最旺的一次，是听到有人要买外国卫星的议论。当时国产卫星的研制工作开展得有声有色，但是有些人不相信中国卫星的性能，非要向政府打报告买外国卫星。任新民坐不住了，那天晚饭后，他心事重重地和夫人一起散步。他走得飞快，夫人一路小跑也追不上，禁不住问他："你这是怎么了？"任新民这才回过神来，他说出了自己的气恼：外国的月亮并不比中国的亮，与其买别人的，为什么不造自己的？他越说越气，一把拽住夫人的手："走，咱们回去。"夫人看看表，快7点了，以为他要回家看新闻联播。谁知，他进了家门并不开电视，却直奔书房笔走游龙，以一个科学家的正直和胆识上书中央，反对"造星不如买星，买星不如租星"的议论。他认为，如果一个国家把卫星通信的命脉全部放到别人手里，一旦国际形势发生变化，那将是十分危险的。任新民不仅用纸笔直谏中央，还和同事们用实践证实着中国卫星的实力。他夫人说，老头子气得拿起笔来告状，这还是第一次。

一字值千金

提起能飞上36 000公里高的"长征三号"火箭，可能没人不知道；但是"长征三号"火箭与任新民有什么关系，恐怕就很少有人知道了。

"长征三号"火箭的秘密在于它使用了低温高能燃料的发动机，专业人员称之为氢氧发动机。这种发动机重量轻，推力大，无污染，代表了技术发展的世界潮流，但是，它的难度和风险也很大。"长征三号"火箭到底是用常规发动机还是用氢氧发动机，这在研制队伍里引起了一场比较尖锐的争论。一方意见认为，搞常规发动机有基础，比较保险，只要把卫星打上去，稳当一点有什么不好；而以任新民为代表的另一方则认为，如果一味因循守旧，不去发展新技术，与世界先进水平的差距就会越拉越大。当时两种意见争执不下，上级决定两种方案一起上。几年后，氢氧发动机进行了首次点火试验，可是由于操作有误，发生了爆炸，炸伤了好几个人。结果在给上级报批的方案中，常规发动机被定为第一方案，而氢氧发动机则被定为"另一"方案。

当时任新民正在日本访问，他听说此事后，立即谢绝了日本朋友为他安排的后续访问，匆匆忙忙地飞回北京。一下飞机，他连家也没回，就直奔上级主管单位的大院，敲开了一位领导的家门。他说："从发射眼前这颗不大也不小的卫星来讲，常规发动机和氢氧发动机都可以完成任务，但从长远发展来看，要发展重量级的大卫星，常规发动机就力不从心了，而氢氧发动机则能胜任。现在世界上只有美国、法国抢占了这个制高点，其他国家都在奋起直追，我们为什么要自甘落后呢？既然上这项技术是迟早的事，那么晚上不如早上，何况我们已经有了成功的希望和把握，为什么非要把它打入冷宫呢？"

任新民的一席话使这位领导茅塞顿开。他们又认真进行研究讨论，最后决定，把"另一"方案改为"第一"方案。一字之改，铸就了一段辉煌：1984年4月8日，我国继美、法之后，在"长征三号"火箭上使用了先进的氢氧发动机，把国产通信卫星送上了36 000公里高空。以后，在此基础上改进的大推力氢氧发动机，

又使我国"长征"火箭运载能力大幅度提高，足以发射国际市场上多种重型卫星，并先后把三颗外国卫星送上了轨道。如今，"长征"火箭已进入了世界名牌火箭的行列。

这种氢氧发动机，由于技术复杂，曾拉了整个工程的后腿。有一次，发动机试验时发生了"缩火问题"，即发动机喷火不稳，忽大忽小，反映在推力上也是忽大忽小。这会导致火箭失稳爆炸。任新民带领大家采取了许多措施进行治理。又该进行试验了，可是发动机恰好刚进行完别的试验，按常规应当先将发动机卸开分解，清洗完后再进行新

判读数据

的试验。这样大约需要一个月左右。任新民反复权衡利弊，他认为这个险值得冒：一是连续试验不会影响试验质量，二是有利于考核治理措施是否有效，三是可以抢回耽误的时间。这个试验一天不进行，发动机技术状态就一天定不下来，整个工程无法向前推进。为了统一思想，任新民召开了一次协调会，他陈述了自己的意见，许多人不同意。任新民急了，他把手一挥说："这事我定了，连着试！"有人提醒他，这事是要记录在案的，万一失败可要追究责任啊。还有人小声对他说："就写是集体决定的吧。"任新民腾地站起来拍着胸口说："就写是我任新民决定的，出了问题我负责，要掉脑袋我去！"大家一下子愣住了，会场上一片寂静。火箭总设计师谢光选突然冷不丁冒出一句："要掉脑袋，也算我一个。"一个是发射卫星工程总设计师，一个是火箭总设计师，两个人敢于负责，敢于决策的勇气，终于换来协调会的最后决定：继续试验。而试验的结果是完全成功！

总师外传

外传之一，任新民身为几大卫星发射工程总设计师，献身航天事业近半个世纪，几乎天天与火箭卫

在"两弹一星"表彰大会上受到江泽民主席接见

星打交道，可他竟没有亲眼见过一次火箭发射。当火箭虎啸雷鸣，腾云驾雾，冉冉升空时，发射场周围观看的人们，群情激奋，欢声雷动，那感觉真是一种享受，可他却从来没有亲身体验过。问他遗憾不？他说："有点。可是每个人都有自己的岗位，我的岗位在发射控制室。"的确，那里有他固定的座位，他在那间只有电视屏幕的房子里，指挥着他无法在发射现场亲眼目睹的辉煌。

外传之二，任新民不修边幅，在发射场总是随便地穿着旧军装、旧工作服。为了行走便利，他很少穿皮鞋，一双解放球鞋经常套在脚上。加上成天在外奔波，脸上晒得黝黑，远看近看，整个一副"翻身农民"的模样。有一次，他进西昌发射中心指挥部开会忘了带证件，门岗警卫以为他是附近的农民，就是不让他进大门。几经交涉，还是部队领导出面，哨兵才知道了这位"农民"的身份。

外传之三，由于长期缺少足够的睡眠，任新民练就了一套快速睡眠法。无论是坐车、还是在会议室、试验场，只要有点空闲时间，他坐下

107

商量技术方案

后双手在胸前一抱，就能立即进入梦乡，周围怎么嘈杂也影响不了他。他说，这种睡眠法的好处是不用花费整块的时间，可以迅速补充精力以利再战。不过有几次，他开完会乘公共汽车回家，快速睡眠醒来后，发现钱包被小偷偷走了。后来他采取了"反干扰法"，一是口袋里只装零钱，二是把重要证件穿一个洞用绳子挂在裤腰上。这样，他就可以放心地养精蓄锐了。

外传之四，任新民是个工作狂，出差在外是家常便饭。儿女们小的时候经常盼望他回家吃饭，因为他一回来，妈妈就要做好多好吃的菜。可是他真的回家吃饭时，孩子倒有点拘束起来，因为他们已经习惯了父亲不在家的事实。任新民的夫人是一位中学老师，她知道丈夫干的

在酒泉发射中心的"攀登"纪念塔前

是一些机密事，因此对他的"政策"很宽松。她说，我是三不问：一不问他到哪里去了，二不问他干了什么，三不问他什么时候回来。不过也有一次破例。那是1970年4月30日，夫人突然接到任新民的电话，让她迅速到北京一家招待所送几件换季的、像样的衣服。夫人仔细一算，他已经离家半年多了。转了半天，她才找到了这家部队招待所，推开屋门，她愣住了，一个又黑又瘦，头发老长，胡子拉碴的人站在她面前。快5月份了，身上还裹着棉袄，脚上蹬着棉鞋，衬衣的领口泛着油渍。她怎么也想不到自己的丈夫会是这副模样。"你到哪里去了？"妻子心疼地哭了，任新民也破天荒地"泄了密"："我去放卫星了。明天是'五一'劳动节，我要上天安门接受毛主席接见。"

外传之五，任新民的腿脚特别利索，走起路来脚下生风。平时，他每天吃完晚饭后都要散步。发射基地山地多，坡路多，可他走起来如履平地，跟他散步，就是年轻人也得一溜小跑。所以，如果不是为了商量工作上的事，很多人害怕跟他散步。快80岁的人了，他还能爬上七八十米高的发射塔架。1995年80岁大寿时，他还和夫人一起登上了井冈山。问他为什么爱爬山，他答不出，似乎这是一种本能的需要。

其实，解谜无需问本人。他是铺造天路的人，向上再向上，本是他骨子里的追求。只要他的生命之树依然青绿，他就一定会永不停息地向上攀登。

带上了功勋章

天助自助者。

吴自良

浙江省浦江人。1917年生。物理冶金学家。中国科学院院士。1937年毕业于天津北洋大学工学院航空机械工程系，后在云南工作。1943年赴美国留学，获博士学位，1950年回国。历任北方交通大学冶金系教授，中国科学院上海冶金陶瓷研究所副所长、所学术委员会主任。

1954年，他领导完成了抗美援朝前方需要的特种电阻丝研制任务。50年代，他用国内富产元素锰、铝等代替短缺的铬，研制苏联40X低合金钢的代用钢取得成功，对建立中国合金钢系统起到了开创作用。60年代，冶金所与原子能所、复旦大学等单位的科研人员组成研究室，由他主持工作，出色地完成了气体扩散法分离铀同位素的"甲种分离膜的制造技术"任务。

胸怀赤诚报国心

—— 物理冶金学家吴自良的故事

随着一声巨响，我国新疆罗布泊上空升起一朵巨大的蘑菇云。这声巨响使整个世界为之震动，因为它意味着年轻的共和国掌握了世界上先进的核技术，具备了与任何军事大国相抗衡的战略武器。这次核爆炸在世界政治、军事格局中引起的震撼是永久性的，在全球炎黄子孙心中引起的震撼也是永久性的。正如邓小平同志说的那样："如果60年代以来中国没有原子弹、氢弹，没有发射卫星，中国就不能叫有重要影响的大国，更没有现在这样的国际地位。"

1945年8月，美国在日本投掷了原子弹，从而迫使日本无条件投降。当原子弹的烟尘还未散尽，世界其他国家就竞相开始研制这种威力无比的核武器。核武器的技术是绝对保密的，尤其是关键的技术更是严

1979年与GCA（美国最大的仪器厂）总裁Greenborg交流学术观点

加封锁。就在这种情况下，中国的一批科学家隐姓埋名，花费了无数个日日夜夜，终于自行研制出了核武器。在他们当中，就有上海冶金所的吴自良院士，他为制取原子弹核炸药做出了突出的贡献。在1999年9月18日，他受到了党中央、国务院、中央军委的表彰。

四十多年来，吴自良在金属合金材料、半导体材料和氧化物超导材料的研究中取得了丰硕成果。在20世纪50年代，他负责完成的苏联汽车钢40X代用品的研究工作被誉为创建我国合金钢体系的典范。60年代他领导完成了分离铀同位素的关键部件甲种分离膜的研制，为打破核垄断做出了突出贡献。70年代以来，他开展的大规模集成电路所需的硅材料研究，多次荣获中国科学院和上海市科技进步奖。1980年，吴自良当选为中国科学院院士（当时称作学部委员）。

负笈求学图报国

吴自良的父亲是饱读诗书的前清秀才，他对孩子寄予了厚望。吴自

1979 年参观美国最大的仪器厂

吴自良（左三）随中国科学院代表团参观 GCA

良有三个哥哥和三个姐姐，他是家里最小的孩子，父母非常疼爱他，兄姊们也非常照顾他。

1926年，9岁的吴自良背起书包，去离家几十里远的县城读书。他就读的小学叫浦阳小学，有一百多名学生，是全县最好的小学。在学校里，吴自良开始接触到各种各样的自然知识，使他懂得天下有许多新奇的事物，需要不断地去学习和探索。吴自良读书非常用功，成绩也非常优秀，很受老师的赏识。他除了认真完成老师布置的国文、算术等作

业外，还阅读了大量的课外书籍。

1929年吴自良小学毕业后，以优异的成绩考入浙江省第一中学读初中。在这段时间里，他除了对自然知识充满浓厚的兴趣外，也开始思考其他一些问题：中国为何这么落后？为何总被外国人欺负？在老师的启发下，吴自良开始懂得一点落后就要挨打的道理，这使他更加发奋学习了。

1932年，吴自良考入了浙江省杭州市高级中学。这是一所具有传统特色的中学，我国两院院士中有

几位是从这所学校毕业的。学校提倡科学救国，开设了数学、卫生、自然、英文等课程。数学课本用的是英文原版的，为的是培养学生的英语基础。吴自良在这种良好的学习氛围中，刻苦学习，认真钻研，养成了良好的治学习惯，为以后的研究工作打下了扎实的基础。

1935年吴自良高中毕业后，考入了天津国立北洋大学工学院的矿冶系。一年以后，吴自良转入了新开设的航空机械工程系。当时，"航空救国"的口号十分流行，所以，一听到学校新成立了航空机械工程系的消息，报名转系的同学很多，但由于名额的限制，只能择优录取。1937年，抗日战争爆发，学校迁到了西安，由北洋大学、北平大学和北平师范大学三所学校组成西北联大。半年后，由于战火烧到了西安，学校不得不搬到陕西南部的汉中。吴自良在这种十分艰苦的环境下继续学习。当时的教室就设在祠堂里，黑板是用木板临时做成的。

1939年，吴自良大学毕业，分配到位于云南垒允的中央飞机制造厂设计科工作。飞机厂各个部门的工程师都是美国人，与他们一起工作，吴自良不仅学到了许多有关飞机制造的有用知识，而且也进一步锻炼了英语口语，为日后留学美国打下了基础。1942年太平洋战争爆发，吴自良所在的中央飞机制造厂遭到日本飞机轰炸，不得不撤退到昆明。这

参观GCA时签名留念

指导研究生

为人师表的吴自良

时，飞机厂的主要工作是根据图纸，用购买来的零件组装战斗机和教练机。

　　1943年，吴自良在大姐的资助下自费赴美留学。因为他的本科是航空机械工程系，所以他本想去麻省理工学院的航空系，但是由于时间耽搁，未能如愿。经中央机械厂厂长的推荐，去了那位厂长的母校——匹兹堡的卡内基理工学院。到了那里，吴自良在著名的X射线晶体学家、金属结构学家巴瑞特(C.S.Barrett)教授和物理学家斯莫洛柯夫斯基(R.Smoluchowski)教授的指导下，攻读研究生。在这段时间里，吴自良学习比任何人都刻苦，因为他心里明白，学好这些冶金学科的专业知

1981 年在爱因斯坦的母校苏黎世大学物理系参观

识，将来就能为祖国多做贡献。1948年，吴自良以一篇题为《自状铝单晶中滑移机制和内耗关系》的论文，获得了理学博士学位。这篇论文逻辑严密，推理准确，具有很高的学术价值，在当时获得了一致好评。1948年，吴自良在卡内基理工学院金属研究所作博士后；第二年他应聘到锡腊丘斯大学材料系任副研究员，主持"软钢中阻尼和疲劳"课题的研究。

天降大任于斯人

在美国留学期间，让吴自良最难忘的事是原子弹爆炸。在第二次世界大战中，美国为了制造原子弹，制定了"曼哈顿计划"，动员了十几万科学家、工程技术人员，花费了二十多亿美元，终于在 1945 年成功地爆炸了原子弹。原子弹的爆炸在美国国内引起了轰动，原子弹专家在电台、电视台纷纷发表演讲，有的还到学校去做报告，把气氛搞得轰轰烈烈。当时，吴自良还不知道原子弹是怎么一回事，但是，几次报告听下来，他对原子弹有了初步的认识，经常和同学们一起谈论有关问题。原子弹的问世起源于对铀原子核裂变的研究。1928年，科学家用 α 粒子轰击铍元素时，发现一种很强的不带电的射线，这种射线是由中子构成的。1933年，居里夫人的女儿、女婿在用α粒子轰击元素时，发现普通元素在轰击后变成了放射性元素，这种现象称为"人工放射性"。1934年，意大利科学家费米用慢中子来轰击元素周期表上的每个元素。当轰击到最后一个元素铀时，发现它吸收一个慢中子后，确实变成了另一种新元素。1938年，德国科学家哈恩和斯特拉斯曼确认铀原子核在遭受慢中子轰击后，变成了质量约为铀原子核一半的钡和氪。他们将这一发现告诉了奥地利科学家梅特涅，当时梅特涅正好与其侄子弗里许在一起，听到这个消息后，他们进行了认真讨论，断定铀在吸收一个中子后分裂成质量相近的两半，并借助生物学上活细胞分裂的术语，称这种现象为"裂变"。原子在核裂变时会释放出极大的能量，这就是人们常说的原子能。

有了这些理论研究作为基础，美国终于在1945年率先研制出了原子弹，从而开创了利用原子能的新局面。吴自良开始关注这种新出现的核物理理论。在一次讲座中，核专家拿出一根铀棒展示给学生看，铀棒放出的粒子让盖革计数器发出"啪"、"啪"的响声，给吴自良留下难以磨灭的印象。他当时只知道铀是原子弹的核炸药，但如何制造这种核炸药他不清楚，对分离含量足够大的铀-235需要付出多少艰辛更是一无所知。这时的吴自良绝对没有想到若干年后他有机会为祖国的核武器研制做出贡献，而他所做的工作就与铀的分离有关。

1949年10月，新中国成立了，远在异国他乡的吴自良听到这一消息后，激动不已。他迫不及待地准备回国，他是多么希望把所学的知识全部奉献给伟大的祖国啊。1950年，吴自良经历了曲折的路途，突破种种阻挠，终于回到了他日夜思念的祖国母亲的怀抱。

中国要搞原子弹，需要克服无数困难。其中之一是必须得到含量

参观美国集成电路设备厂与该厂董事长亲切握手

1993 年在美国纽约的一所大学里做学术报告

足够大的铀 -235。吴自良领导的研究小组，通过无数次的试验，终于找到一种有效的方法把铀 -235 从自然界存在的铀中分离出来，从而为自行研制原子弹提供了核炸药。由吴自良领导完成的这一成果荣获 1984 年国家创造发明奖一等奖和 1985 年国家科技进步奖特等奖。

早在 1955 年 1 月 15 日，在中南海的一间会议室里，召开了一次具有重要意义的会议，专门研究中国原子能发展的问题。钱三强、李四光等科学家与会，他们向中央领导介绍了原子能的情况。为了解释铀矿资源与发展原子能的关系，李四光拿出一块铀矿标本，让新中国的领导人个个传看。能用作原子弹"炸药"的放射性元素有好几种，但是，

在自然界天然存在的只有一种——铀。因此，铀矿作为战略资源，受到各国政府的重视。1954 年，我国在广西发现了铀矿资源，以后又陆续找到了几处铀矿。

1961 年底，为了加快研制分离铀 -235 的甲种分离膜，北京原子核所、复旦大学、沈阳金属所和上海冶金所的有关专家和技术人员到上海冶金所协作攻关，吴自良担任该项目的技术总负责人。当时只有美国、苏联、英国三个国家掌握这项技术，这些国家把甲种分离膜列为国家机密，严禁扩散。中苏关系恶化，苏联终止了协议，撤走了专家，带走了资料。这对于我国刚刚起步的核工业来说，是一次严峻的考验。

吴自良领导的攻关小组经过三

参观休斯顿航天发射场

亲人都不知道他在忙些什么。他们这些科学家为了完成祖国和人民交给的任务，不顾个人名利得失，也顾不上家里的娇妻爱子，一心扑在了事业上。回想起这段往事，吴自良深有感慨地说："我们那时也真不容易。"

年多的艰苦研究，克服了种种困难，终于完成了攻关任务，打破了核垄断，使我国成为第四个拥有战略核武器的国家。在这三年多的时间里，吴自良埋头钻进了实验室，连他的

吴自良除了在甲种分离膜上取得了重要成就外，还在金属合金材料、半导体材料和氧化物超导材料的研究中取得了丰硕的成果。

20世纪50年代，吴自良负责完成的苏联汽车钢40X代用品的研究，是我国建立合金钢体系方面的典范，

与研究生们讨论问题

119

获得 1956 年国家首次颁发的自然科学奖三等奖。吴自良回国的时候，我国的钢铁工业非常落后，所用的合金钢都是美国、英国和苏联的产品，这些产品中含有1%左右的铬。但是，我国铬的储量非常少，国家建设又需要大量的汽车。怎么办？吴自良毅然接受了这项科研任务。他经过无数次试验，终于研制了锰钼合金钢来代替含铬的汽车钢40X。他的这一成果在 1954 年的全国金属研究报告会上，获得一致好评。这不仅因为锰、钼在我国的储量十分丰富，而且锰钼钢的生产成本低，性能优良。

吴自良在建立我国合金钢系统的过程中，针对钢的时效性，提出了合金元素原子和间隙原子间相互作用的理论，并对间隙原子和位错间的交互作用进行了研究。这些成果在国内外的学术交流中获得好评。

20 世纪 80 年代后期，全世界掀起了研究高温超导氧化物的热潮，

在吉林大学的研究生答辩会上

吴自良立刻意识到这个领域的重要性。他广泛收集资料，掌握学科发展动向，指导一批中青年科技人员对薄膜材料的制备工艺、氧在高温超导氧化物中的扩散行为进行了深入细致的研究。研究论文发表后，受到国际同行的重视。

桃李芬芳满天下

吴自良学识渊博，治学严谨，作风踏实，平易近人。他在刻苦攻坚的同时，还热情指导、积极培养中青年科技人员。早在 1951 年在北方交通大学冶金系任教时，他上的课内容新颖，很受学生欢迎。到了上海冶金所后，他结合科研任务培养科技人才。吴自良在 50、60 年代培养的科技人员，现在都已成为研究所和高等院校科研和教学的骨干。

1978 年全国科学大会以后，吴自良为上海冶金所内工科出身的科研人员讲授理论物理，包括理论力学、统计物理、电动力学和量子力学。恢复研究生制度后，吴自良作为上海冶金所学术委员会主任和学位评定委员会主任，挑起了培养所内研究生工作的重担。他在课程设置、教材选用、教师聘用以及各项规章制度的建立等方面，都悉心指导，周密安排，严格把关。吴自良对研究生

在办公室查阅文献

的论文认真审阅，逐句修改。他还从思想品德、学习、生活上关心研究生的成长，经常以自己的经历和见闻，教育学生为祖国的繁荣昌盛而努力学习。在他的辛勤培育下，有的研究生获得了青年科学基金，有的获得了中国科学院院长奖学金，有的被破格提升为副研究员。由于他在这方面的成绩十分突出，1990 年他被评为中国科学院优秀研究生导师。

随着岁月的流逝，吴自良已届耄耋之年。他依然在为祖国的科技事业默默地耕耘着，为国家的建设大业默默地奉献着。

目标确定，持之以恒，勇于攻坚，不出成果绝不罢休。

陈芳允

浙江台州人。1916年生。中共党员。无线电电子学、空间系统工程专家。中国科学院院士，国际宇航科学院院士。1938年毕业于清华大学物理系。1945年赴英国工作，1949年回国。先后在中国科学院上海分院、中国科学院物理所工作。1956年负责新电子学研究所的筹组工作。1964年起从事空间技术工作。1976年调入国防科委，负责卫星测量控制系统的总体设计、设备研制、布局建设以及星地协调工作。1984年任国防科工委科技委常任委员、顾问，后任中国人民解放军总装备部科技委顾问。2000年逝世。

他是中国卫星测量、控制技术的奠基人之一。1957年他对苏联发射的第一颗人造卫星进行了无线电多普勒频率测量，并和天文台的同志一起计算出了卫星轨道参数，该方法成为以后我国发射人造卫星所采用的跟踪测轨的主要技术之一。1963年，他研制出国际领先的纳秒脉冲采样示波器。1965年，担任卫星测量、控制的总体技术负责人，为我国第一颗人造卫星的准确测量、预报做出了重要贡献。

长空万里，直下看山河

—— 无线电电子学、空间系统工程专家陈芳允的故事

有人说陈芳允有一双"天眼"，能看到36 000公里之外的卫星，还能通过卫星俯瞰大地。从外表看他并不特殊，可当你了解了他为中国航天事业作出的贡献时，你会觉得"天眼"之说确有道理。陈芳允遥控指挥着远在36 000公里高空的轨道上遨游的卫星，让人们在电视机里看到了来自世界各地的清晰图像。

众里寻她千百度

命运是个奇怪的东西，有时很难说清，失败是不幸，还是造就下一个好运气的机遇。

陈芳允没考取上海交通大学，却因此获得上清华的机会。当时的清华大学已经很有名气，各省的"状元"都往这里奔。清华的学子走上社

陈芳允与杜奎在国际宇航大会上

陈芳允与严济慈在一起

会，频频显露才华，使世人另眼相看。考试时，清华出的数学考题与众不同：难度虽大，却不多，题目出得活，需要考生独立思考。这种题目正对陈芳允的学习路子，所以他不仅一般的题做对了，而且还解开了两道难题，其它的科目考得也不错。一个月后，他收到了清华大学的录取通知书。

1934年9月，陈芳允第一次来到北平，远远望见清华大学的校门，心中就不由得萌发了一种自豪感。绿油油的庄稼地和低矮的乡村农舍围绕着清华大学。他走进清华园，首先映入眼帘的是那桐先生写的"清华园"三个刚劲有力的大字。校园里树木葱翠，绿草如茵，鲜花簇拥着教学楼、图书馆和大礼堂。陈芳允做梦都没想到高等学府的环境是如此优美。

他在清华大学机械系学了一年后，越来越觉得机械专业不合自己的胃口，总是提不起兴趣来，尤其是工程绘图，他觉得太花时间，又太死板。与此同时，他却对物理课产生了浓厚的兴趣。普通物理的主讲教师萨本栋把课讲得趣味横生，形象生动，把陈芳允带入了一个美妙的科学世界。他对新兴的电子科学更是如痴如迷，做起物理实验来也是得心应手。每周小考一次的物理成绩总是优秀，这更使他对学物理增强了信心。他物理课的终考成绩得了最佳。

当时，清华大学物理系的主任是吴有训教授。吴有训讲课有一口浓重的江西口音，可陈芳允听起来却觉得生动有趣。吴有训在教学过程中，注意到了物理成绩优异，又心灵手巧的学生陈芳允，发现他虽然不大爱说话，但做起实验来却有板有眼纹丝不乱。同时，他发现这个学生非常专注地观察他的实验，不放过任何一点细节，不仅一丝不苟地做记录，而且善于动脑子提出问题。吴教授打心眼里喜欢这样的学生，所以当陈芳允提出想换专业的请求时，得到了吴有训的大力支持。当时，物理系在清华大学是很难进的，陈芳允的普通物理课学得好，有关课程的老师都很赏识他，因此，他很快被物理系接受，主攻无线电电子学。那时清华大学的师生都很亲近，叶企孙、萨本栋和周培源先生对陈芳允都很好。

陈芳允开始从事自己喜爱的专业。他开始掌握自己，发掘潜力去有所作为了。

清华园里的苦读，为他在英国的深造铺平了道路。

1948年春天，在英国学习、工作了4年的陈芳允带着精湛的电子工程技术回到了祖国。陈芳允坐轮船先到上海。在国民党航空委员会报到后，他被派往上海空军机场工作。他发现当时的飞机场主要是为打内战服务的。陈芳允不愿为国民党出力，和夫人沈淑敏带着孩子回了黄岩老家。陈芳允是一个科学家，又是一个忧国忧民有社会责任感的人。在黄岩老家，他把科学分析的方法运用于观察社会政治形势，对国民党和共产党做了全面的比较，觉得自己有了明确的方向。一个月后，他回到了上海。航空委员会对他不去飞机场工作而擅自回老家的行为很恼火，给了他记大过的处分，以示警告，但他还是借故未去上海飞机场。

他周围的环境动荡不安，工作一时没有着落。后来还是他在成都无线电修造厂工作时的厂长李敬永，把他调到无线电研究所工作，他才暂时有了安身立命的地方。然而，航空委员会仍不放过他。有一天下午，陈芳允在所里上班，忽然接到南京航空委员会打来的电话，找厂长，厂长不在，正好陈芳允接了电话。电话中说，就是要找你，上面命令，叫你快些来南京做空军无线电指挥联络的技术工作。现在战事吃紧，必须立即报到。放下电话，陈芳允知道，两条道路何去何从摆在了自己的面前，他必须马上做出抉择。

南京是国民党政权的大本营，到南京去就意味着为国民党卖命。那时淮海战役正打得热火朝天，解放军铁流滚滚，打得国民党军狼狈

在上海黄浦中学杨斯盛塑像前

125

在一次学术会议上

逃窜。陈芳允想，航委会调他到南京去，一定是要他去做空军的无线电导航或通信等技术工作。他不想为南京国民党政府卖命。但调令威胁着他和家人。他坚决不去南京的决心下定了，可硬顶也不行。陈芳允在接到调令的当天下午，趁厂长不在工厂，不辞而别，搭上长途汽车去湖州岳父家寻找对策。当时夫人沈淑敏带着孩子，也在湖州中学教书。

陈芳允的岳父是当地一个有名望的医生。岳父为了不让女婿去南京，狠了狠心只好忍痛给陈芳允的脚打上麻药，颤抖着手给他拔去左脚大脚趾的指甲。大脚趾顿时血如泉涌，左脚变得血肉模糊，陈芳允疼得不敢着地。

第二天，陈芳允一瘸一拐地带着脚伤回到上海。他先住进了一家私人小医院，然后打电话给李敬永，说："我脚上受伤很严重，不能去南京工作了。"李敬永来到医院，陈芳允心里不由地紧张起来，他盯着厂长的脸，心里"怦怦"直跳。厂长看到陈芳允的脚上包了厚厚的白纱布，还渗出很多血迹，含而不露地点了一下头，说："你既然脚受伤了，干脆就在医院静养吧。"陈芳允知道，李敬永已经发现了"小秘密"，只是不愿意揭穿而已。后来，李敬永亲自把陈芳允送进了上海龙华医院，嘱咐陈芳允安心养伤。他回复南京国民党航空委员会，声称陈芳允先生的脚伤严重，不能如期到任。

就这样，陈芳允在新中国解放前夕，选定了要跟共产党走的革命道路。

为伊消得人憔悴

世间有这样一种人：逆境和挫折可以让他痛苦、迷茫，却无法改变他的精神。这种人做事，不做则已；做，就一定要做得漂亮。陈芳允就是这样的人。

陈芳允正式接受第一颗人造卫星地面跟踪测量任务的时间是1965年3月16日。那天，中国科学院召集各研究所领导开会，传达周恩来总理关于中国科学院参加研制人造卫星的几点批示。传达结束后，与会者提出了卫星的地面跟踪测量问题，院领导决定由陈芳允担任技术负责人，尽快拿出方案来。

通俗地讲，陈芳允负责的是这样一项工作：运载火箭托举着人造卫星升空，并送入预定轨道之后，卫星便在人们给它设计的轨道上绕着地球运行。卫星的正常运行和按计划完成使命，要靠地面观测系统对它实施跟踪、测量、计算、预报和控制，而这些都是借助于肉眼看不见的无线电波来实现的。这是一个全新的课题。

陈芳允马上行动起来，在科学院有关研究所和天文台进行调研，着手做好各项准备工作。他很快组

外出考察

织了以紫金山天文台、数学所和计算机所为核心的一批专家，用多普勒测速仪跟踪定轨进行模拟计算。并于1966年2月起草了关于《卫星地面观测系统方案及分工建议》的报告。

在如何建立中国的航天测控网上，他认为中国的测控技术要体现出中国特色来，不能跟在别人后面跑。这就需要有可靠性高的多种手段联合运用，从而保证测控数据的精确度和准确度。首先要搞好测量台站的合理布局，通信联络系统的完善计算，以及中心的配套建设等项工作，利用我国地域广阔优势获得最大限度的观测视野，及时准确地预报出卫星的轨迹和在特定时刻的空间位置。他在绘制蓝图时就在考虑，迈出第一步就要为以后着想，卫星测控系统的建立和建设要从长远考虑，为未来奠定基础，为后继的卫星工程（如返回式卫星、地球同步通信卫星和太阳同步轨道气象卫星等），增加具有更高要求的测量手段，形成精确度更高的测控系统。

纸上谈兵是不行的。必须迅速建设测控中心、观测网和测量台站。陈芳允和年轻的军人们一起坐上火车去为测量台站选点。当时大家喜欢称他"老师傅"，"老师傅"是有名的科学家，工资自然要比军官们高一些。出门在外，当兵的就是一家人，陈芳允总是慷慨地掏腰包请大家美美的吃上一顿解解馋。他脾气温和，人又宽容大度，年轻人都喜欢跟他出差，大家在一起不分彼此。他们爬山涉水，走南闯北，去勘测卫星跟踪测量点。

经过长时间的实地考察，陈芳允设立了闽西、南宁、昆明、莱阳四

在航天展览会上

个多普勒测量站，用多普勒数据测定卫星运行的轨道。天文台还特意在胶东站和闽西站设置了光学望远镜，用于观测卫星入轨点，在南宁和喀什站设置了干涉仪（后取消）。这样，他便从技术上采取多种手段确保了卫星入轨点的准确测量。

1970年4月，陈芳允来到上海科仪厂，又开始了新型卫星的测控设备研制工作。4月24日傍晚，当他和几个年轻人在上海外滩散步时，听到了"东方红一号"发射成功的消息。

陈芳允总体设计的"东方红一号"卫星测量系统，达到了"抓得住，测得准，报得及时"的要求，而且在轨道测量精度上与其他国家相比也不逊色。我国第一颗卫星的测控任务的圆满完成，为中国卫星测控网的建立奠定了基础。陈芳允为此获得国家科技进步特等奖。

1969年的初冬，大雪把渭南塬上盖得严严实实，到处是白茫茫的一片。就在塬上一所中学的一间普通教室里，陈芳允正趴在破旧的学生课桌上紧张地忙碌着。他陷入了深深的思索。在释解头脑中的难题时，他总爱静静地坐在桌前，手持一支铅笔不停地在纸上写写画画，那些别人看不懂的符号在纸上跳来跳去，谁也解释不清这上面记录的是什么。只有他心里明白。

当初，以"东方红一号"卫星为主体的地面测量系统的主要职能是跟踪测量和轨道计算，还不能对卫星实施控制。而发射返回式卫星，不仅要使它飞上太空，遥控指挥它对指定地域进行测量，而且还要用无线电波发射各种控制指令让它完成任务后乖乖地从天上返回预定区域。这就必须拥有一个庞大复杂的地面测控网，对卫星进行全程控制。

为建设具有中国特色的航天测控网，陈芳允在这期间真不知吃了多少苦，熬了多少夜，受了多少累。他对这一切都在所不顾。而唯一让他放心不下的是他的夫人沈淑敏。1965年，她身患乳腺癌，手术后身体一直很虚弱，接着又赶上了"文革"动乱，家务事全都落在了她一人的肩上。

沈淑敏也是科学家，承担着生物医学方面的许多重大科研课题。就在陈芳允设计中国的航天测控网时，沈淑敏从花生衣中提取出一种药剂，对治疗出血性疾患有明显的疗效。她还是中国谷维素的发明人。

陈芳允自从到渭南执行任务后，连出差带开会，每年在北京也不过一个多月。即使回来探家，他的话题

也是围着卫星转。沈淑敏对他说："国防科技事业是大事，我支持你。儿子、家务都由我来管。"

1975年11月26日11时29分52秒，我国的返回式卫星乘坐"长征二号"火箭从酒泉发射场飞上太空。卫星绕地球转完一圈后，测控专家发现，卫星上的气源曲线直线下降。卫星自带的气源瓶是保障飞行三天用的，如果气压下降太快，卫星难以坚持飞行三天。卫星回收对中国航天人来说还是有史以来第一次。当时担任国防科委副主任的钱学森乘专机从发射场直奔渭南测控中心而来。从测控方案讲，陈芳允认为不应该出现什么意外。然而令人焦虑的是，目前已经出现异常情况。卫星坚持飞行了一天。让人更为吃惊的是：从胶东测控站接收到的数据表明，气瓶压力居然是原来的数值，没有一点变化。这又使人紧张得直冒冷汗。指挥部立即召开紧急会议，中心议题是：卫星回收的时间定在何时？当时有一部分人担心，卫星一旦突然没有气源将无法返回地面，因此主张立即回收。陈芳允深思熟虑后认为，卫星已经飞行了两天，气压数值应该继续下降，现在气压没有变化，说明数据传导系统出现故障，气压数值也就出现误差。他认为，应该相信我们的遥感卫星能够按计划回收成功。指挥部决定，按陈芳允的意见，卫星飞行三天后在贵州回收。果然，卫星按预想方案在太空飞行了三天后成功地回到祖国大地。

作为航天应用领域重要组成部分的航天测控技术，当时在我国还是一门新兴学科。它集光学、电子、通信等多种高新技术于一身，一直是世界各国航天研究与发展的重点。通信卫星可以使远隔太平洋的东半球和西半球的朋友们通过电话愉快地交谈，使南沙群岛上的守礁战士

在卫星发射基地

1997年重返青年时代留学的英国伦敦

清晰地看到中央电视台的节目，使在公海遇险的航船及时将求救信号发向陆地。可那时，中国的通信卫星还仅仅存在于科学家们的脑子里。

1970年，陈芳允在研究了美国阿波罗登月飞船所用的微波统一测控系统后，联想到我国对通信卫星的测控要求，设计了新的微波统一系统。这是他在中国航天测控领域里具有突破性的一项重要科研课题。

这一研究成果，使我国航天测控系统从过去单一功能的分散体制发展为综合多功能体制。使用统一系统可以大大节省卫星载荷的体积和重量，特别是减少星上天线的数目，同时也大大节省了地面设备的规模和投资。

1971年底，国防科委组织各部门专家讨论通信卫星的方案，陈芳允正式提出用"微波统一测控系统"的方案，得到了测控中心王盛元司令员和王恕参谋长的积极支持。1973年春天，陈芳允专程到北京来向国防科委领导和专家们汇报"微波统一测控系统"的设计方案。对这个方案，国防科委领导极为重视，国防科委副主任、著名科学家钱学森表示支持。后经专家组讨论，通过了这一设计方案。

1974年，陈芳允在秦晏豪、臧其源、郝思礼和孙怀苏等同志的协助下，共同完成了"微波统一测控系统"的设计工作。这时正处于"文革"后期，设计方案在实施过程中遇到了许多困难和阻力，其中最主要的障碍是体制问题，严重干扰了工程的正常进行。过去由于采用分散体制，测控、遥测、遥控、数传设备分别由不同的单位研制，星上系统和地面系统也是两个大部门分别承担。

而"微波统一测控系统"要求打破部门和单位界限，不可避免要产生矛盾，一时间反对陈芳允设计方案的大有人在。就连陈芳允的博士研究生但森也站出来，给他的导师投了一张反对票。师生俩各持己见，互不相让。1975年，"微波统一测控系统"正式立项。但森正好在中国科学院某所承担这个大系统的一部分工作，既已立项，但森就努力去实现导师的设计方案。陈芳允对自己的学生但森非常满意。在他看来，一个方案的提出总是要有争论的，没有必要学生服从老师、下级服从上级，通过争论大家都要服从科学。

1976年，我国为发展地球同步通信卫星，专门成立了卫星通信工程技术协调组，刚穿上军装的陈芳允作为测控专家参加了协调组的工作。1977年3月3日，中国正式向国际电信联盟登记，确定了我国通信卫星在地球静止轨道上的定点位置。9月18日，经中共中央批准，发射通信卫星被列为国家重点任务。1984年4月8日19时20分，当中国第一颗同步通信卫星成功地飞向太空时，陈芳允正坐在西安卫星测控中心的机房里，密切注视着火箭卫星的飞行情况。4月17日18时正式开始卫星通信试验，中央电视台节目首次通过卫星传输，乌鲁木齐等边远省区第一次收看到中央电视台从北京直接传播的实况节目。

通信卫星的最大特点是应用于跨洋过海的国际间通信，陆地与海上、海上与陆地以及远离城市之间的通信。"微波统一测控系统"按设计圆满地完成了多功能、多用途、多种类任务，使中国的卫星测控技术从此跻身于国际先进行列。

为了表彰陈芳允为中国通信卫星做出的贡献，1985年，陈芳允主持研制的卫星测控系统和通信卫星一起获得了国家科技进步特等奖。

落尽豪华见真淳

陈芳允的军旅生涯是从60岁那年开始的。60岁对一个军长来说，也到了退居二线的年龄，可他偏偏就在那一年加入了中国人民解放军。

那是1976年，陈芳允郑重地向

陈芳允与陈镇麟在一起

组织上提出了要求参军的请求。其实，他已经在国防科工委所属部队搞了整整10年的卫星测控工作。穿上军装后，陈芳允又鼓起勇气写了入党申请书，入伍第二年加入中国共产党，第三年当选为中国科学院学部委员（院士），兼任技术科学部副主任。

当历史步入80年代，随着弹道射程的不断增加，以及卫星和飞船技术的迅猛发展，为使全程跟踪、通信、遥测、控制指令更加及时准确，各国科学家都认为，仅仅在本国领土范围内是不能完全满足运载火箭全程飞行试验要求的。尤其是在洲际导弹的射程延伸到公海海域之后，必须建造远洋测量船。航天测量船的建造是一个国家科技发展水平和综合国力的象征。"远望一号"和"远望二号"建成后，先后于1977年8月和10月下水，中国成为继美国、苏联和法国之后第四个拥有航天测量船的国家。

"远望号"集航天、光学、电子、测控等技术于一身，是浮动的"海上科学城"。它在发射火箭、卫星时，常常要航行到远离中国本土数千公里的大洋上与风浪搏斗，还要对火箭和卫星进行测控。船体内有计算机、雷达、通信、船舶导航和气象等各种各样的仪器设备，甲板上布满了六十余副形状各异的天线。各设备间电磁干扰严

1997年与马丁·斯维汀教授在英国小卫星公司

重，影响了设备的正常工作。

1967年7月18日，由国务院、中央军委有关领导审查，尔后由毛泽东主席、周恩来总理批准，开始研制我国"远望号"航天测量船，代号"七一八工程"。

在船体长191米，宽22.6米的有限空间里，电磁波互相干扰十分严重。这的确是一个令人头疼的问题。尤其是与测控中心进行数据传输和实施指挥调度的大功率发射机一开，测量、计算、通信、卫星信号的接收都有干扰信号，简直无法工作。就连甲板旁边铁栏杆的接缝处也似乎在接收信号，凑热闹似地打着小火花，

陈芳允在船舶706所

嚬里啪啦地发出怕人的响声。

陈芳允、吴紫英、晏震乾、张惠军等同志组成攻关组，查阅了大量的国外资料，得知美国和苏联的大型测量船后面都跟着一艘通信船。如果按照国外的方法，就要给"远望号"增加一艘通信船，像尾巴一样跟随"远望号"出海，专门完成通信任务。这样既延长了时间，而且要增加许多人力物力。

陈芳允用战略的眼光看待这个问题。发射洲际导弹，"远望号"有庞大的舰船编队和护航舰，还勉强凑合。如果以后执行通信卫星任务，"远望号"要单独远洋，到那时候怎么办？

于是，陈芳允首先提出：能不能由测量船在测量的同时实现与国内通信，减掉通信船，解决观测船上众多设备之间的电磁兼容问题。

为实现这一设想，陈芳允多次穿上防电子辐射工作服在甲板上联调试验。还几次亲自跟船出海进行试验。通过不断改进方法，船上的无线电设备果然可以同时工作而互不影响。就连那台几十千瓦的大功率发射机开动起来，遍布在甲板上的各种雷达和无线电设备照样也可以正常工作。"远望号"终于可以直接使用本船的通信设备与远隔数千公里之外的陆地上的测控中心互通信息了。

1980年5月18日，我国第一枚洲际运载火箭从巴丹吉林大沙漠深处腾空而起，朝东南方向飞驰而去。它从甘肃、宁夏、内蒙古、陕西、山西、河北、山东以及黄海、东海上空掠过，风驰电掣般飞向太平洋赤道上空，准确地溅落在预定海域目标内。"远望号"测量船测量到全部数据，安全返回。

这一年，陈芳允为"远望号"解决电磁兼容问题的科研成果获得了国家科技进步一等奖。

早在古代，人们就发明了罗盘、指南针。后来人们又发明了雷达，为航行中的飞机、遨游大洋的舰船确定所在位置。如今，人们要在茫茫的大漠里清楚地知道自己的坐标而不迷路，舰船能随时知道自己的位置而在蓝色海洋里确定航向，飞机在广阔的天空中高速飞行时，飞行员时刻清楚自己的方位，卫星导航定位是最有效的手段。

在早年从事雷达工作时，陈芳允就开始关注导航定位问题。参加空间工作之后，他一直希望利用卫星对地上的运行物体定位导航。他研究了美国的全球定位——导航星系统（GPS），这一系统为了满足全球、

全时间的工作，需要18颗以上的卫星，而且没有通信功能。要使主管部门知道使用者和用户的位置，还需要有移动通信设备支持，上下系统不仅极为复杂，而且费用很高。

1983年，陈芳允提出了用两颗地球同步通信卫星上的一段频带，来确定地面目标任一时刻的位置和海上移动物体的定位导航也就是"双星定位系统"。经过他的同事刘志逵的详细计算，证明是可行的。用这一系统去比较三颗以上的卫星所能定出的用户三维位置的精确度，

陈芳允在家查阅文献

伏案凝神，寻找突破口

获得了同样的结果（　美国 K.G.Johassan 于 1998 年才发表同一设想）。

陈芳允通过大胆设想和探索，再加上刘志逵在理论上的分析和精密计算，终于做出一个全新的"双星定位通信系统"。遗憾的是对这个新方案的出现，暂时还没有人认识到它的优越性，一时无人接受。

这使陈芳允很苦恼。他家里有一只陶瓷的观赏玩具——棕黑雄狮，他非常喜欢这只神态昂扬的小狮子，在小狮子的底座上工工整整地题写了"雄狮独步"四个字，来表明自己的心迹。说来很有意思，这位天性好静，不抽烟，不喝酒，不打牌，不跳舞，不爱凑热闹的科学家，一辈子从事严谨的科学研究，偏偏就喜欢这只玩具小狮子。用他自己的话来说，

就是希望我们国家能成为醒来的雄狮。有时他的方案不被人理解，他就把小狮子拿在手里，左右摆弄一番，念叨一句拿破仑的话："这只狮子，还是让他好好地睡觉吧。"他的心情就会逐渐好转。因为狮子醒来，就会昂首怒吼的。

1985 年，在南京紫金山天文台召开的测地会议上，陈芳允在集体讨论中又再次提出了"双星定位通信系统"。他的发言引起了一些与会者的注意。当时，国防科工委司令部范厚爽参谋和总参测绘局的蒲局长对陈芳允的这一设想产生了兴趣，他们认为总参测绘局需要这一系统。他们回到北京后，立即向总参测绘局领导作了汇报。这样，"双星定位通信系统"在搁置两年以后，终于被总参测绘局接受，并于 1986 年开始

预研。

陈芳允经过不懈的努力，终于使"双星定位通信系统"争取到和世人见面的机会。1989年9月25日，在国防科工委司令部测控部的组织领导下，由总参测绘局、成都电子部十所、计量科学院等单位一起在北京进行了"首次双星快速定位通信系统"的功能演示。

在不足30平方米的临时机房里，设置着信号接收和定位计算中心。北京某地的用户设备利用我国定点于赤道上空东经87.5度和110.5度的两颗通信卫星进行试验。经计算机处理参数，一秒钟后显示屏上就出现了这个用户的精确的地理位置，与档案记载的误差仅为20米。

机房里响起了掌声。"首次双星定位通信系统"的功能演示获得了成功。这次功能演示不仅定位精度准确，而且说明这个系统还可以进行简单的报文通信和时间发播。

次日，新华社为此发布消息说："利用两颗卫星快速定位、通信和定时一体化并获得理想的试验数据，这在国际上还是首次，快速定位精度达到了国际先进水平。这项卫星应用尖端技术，标志着我国独立开发利用卫星通信资源有了新的突破。"

"双星定位系统"在测绘、航天、航空、航海、矿山、运输、抢险救灾和国防建设等方面具有广泛的应用价值。

陈芳允并不满足已经取得的成绩，他在晚年时还在继续为祖国的科技事业呕心沥血。他坚信祖国的科学技术一定能走到世界的前列。

陈芳允与夫人
沈淑敏在一起

快乐学习，勇敢奋进。

陈能宽

湖南省慈利县人。1923年生。中共党员。金属物理学家。中国科学院院士。1946年毕业于唐山交通大学矿冶系。1947年赴美国留学，1950年获冶金博士学位。1955年回国。历任中国科学院应用物理所研究员，第二机械工业部第九研究所实验部主任，第九研究院副院长、院科技委副主任，兼任国防科工委科技委副主任。

在我国第一颗原子弹、氢弹及核武器的发展研制工作中，他主要领导了核装置爆轰物理、炸药和装药物理化学、特殊材料及冶金、实验核物理等学科领域的研究工作，组织并参加了聚合爆轰波人工热核反应研究以及核装置球面同步起爆的方案制定和研究，在较短的时间内，攻克了技术难关，实现了预期的结果。

不辞沉默铸坚甲

—— 金属物理学家陈能宽的故事

1964年10月16日下午，随着一朵壮丽的蘑菇云腾空而起，巨大的喜悦顿时笼罩了西部罗布泊的每一个观测点……人们纷纷涌到高地上，欢呼雀跃，幸福的泪水在每个绽开的笑脸上流淌着……

这就是我国第一次核试验爆炸成功的场面。转眼，西部戈壁滩上的硝烟已散尽三十多年了。这是人类历史之眸的一瞬。这辉煌的一瞬的

创造者有许多，其中有一位"关键人物"就是陈能宽。

为了大家舍小家

1960年的夏季，北京的街道刮着习习凉风。陈能宽从单位回来，坐在妻子裴明丽的对面，欲言又止。

"有话就说嘛，干嘛吞吞吐吐的，这哪像你的风格。"妻子开玩笑道。

"我要走了，要走很长时间。"陈能宽沉吟片刻，又字斟句酌地说："如果组织让我去一个你找不到我，我也不能跟你联系的地方去工作，你会理解吗？"

妻子有些惊讶地看了他一眼，低头想了想，说："如果是组织需要，我没有意见。"妻子的眼睛漫上了泪水，可她一句也没多问。

那天夜里，陈能宽失眠了。他想起与妻子在一起的许多往事。

1946年，他大学毕业，与大学时的同学裴明丽结婚。次年，他与妻子一起通过了留学考试，于8月启程赴美。当时，科罗拉多大学、华盛顿大学和耶鲁大学都录取了他。他和妻

"心事浩茫终不悔"

139

子商量了一下，选择了在中国较有影响的耶鲁大学，在那里攻读物理冶金学。那段日子，他和妻子相互鼓励，各自都在自己的专业上取得了新进展。他凭借在国内打下的坚实基础，仅用一年时间，就取得了硕士学位。两年后，又取得博士学位。这期间，他开展了"金属单晶体的结构和力学行为"领域的研究，他在这方面取得的成果得到了他的导师、哥廷根学派大师麦休逊的赞赏。1950年，他接受了约翰·霍普金斯大学的聘书，在那里进行金属物理和物理冶金的基础研究。1954年，他被固体物理学家C.Zener博士聘请，来到匹兹堡的西屋电气公司任研究员。这时候的他，已是很有成就的青年科学家了。每到节假日，他和妻子经常带着孩子开着自己的车外出购物或游玩。有妻子陪伴，身在异国的他感到很充实。

可是他们一直没买房子。没有自己的房子怎能算个家呢？每到朋友提起这件事，他和妻子总是相对而笑。美国又不是祖国，我们的家怎么会安在这儿呢？虽然俩人没有多少时

陈能宽（左二）高中时代在雅礼中学参加排球队

陈能宽（前排右二）与大学同学在福泉山

间谈论回国之类的事，可是他们心里都很清楚，只要有机会，他们一定要回祖国去干事业。他和妻子的心是息息相通的。

1955年，中美两国在日内瓦达成交换平民及留学人员的协议。终于可以回国了！当他把这个消息告诉妻子时，两个人高兴得不知说什么才好。

"是现在就走，还是再等等？"他望着在妻子怀中熟睡的小儿子，一时拿不定主意。毕竟儿子才八个月呀！

"我们已经等了这么久，终于等来这一天，现在不走还待何时？"妻子笑着对他说："孩子小不是问题，我们出国时留在家的宝贝女儿正好8个月，现在我们再带回去一个8个月的儿子，多有意思呀。"

他开心地笑了。妻子总是这样理解他。

这年的冬天，他携全家踏上了回家的路途。

"你们这样年轻，回来给祖国做

在美国工作时的陈能宽

月，他深知"核武器"意味着什么。对于美国来说，自从 1945 年 7 月 16 日 5 时 30 分在阿拉莫尔多的上空升起历史上第一朵蘑菇云以后，他们指手画脚的傲慢习性大长。苏联"老大哥"倒是关照过我们，可是在最关键的时候，他们也撤了。

"靠谁也不如靠自己。我们现在也要搞这项试验，真是太好了。可是我不是搞这个专业的呀？我学的是金属物理，搞过单晶体，可从来没搞过原子弹。"他直言不讳地说。

在场的人都笑了：我们中国人

事太好了！"周恩来总理在中南海接见归国留学人员时，欣慰地说。从那天起，他们便深深地感到了"给自己做事的快乐"。

从美国回到祖国，工作和生活条件真是天壤之别，可是妻子从没说过抱怨的话。自己有这样默契的伴侣，他感到万分幸福。

可是，现在，他居然要与妻子分开了。在美国那么遥远的国度，他们两个人都始终形影不离，现在却要天各一方了。

他又想起与李觉将军和钱三强、朱光亚等专家首次会面时的一席话："陈能宽同志，调你来二机部是想让你参加一件国家重要的机密工作，我们国家要研制一种'新产品'，我们想让你负责爆轰物理工作……"

他立刻就知道他们所说的"新产品"是什么了。在美国的那些岁

50 年代刚回到祖国的陈能宽

谁搞过原子弹?谁也没有。可我们就是要凭我们自己的实力把它造出来。

夜很深了，陈能宽看着熟睡的妻子和四个孩子，更睡不着了。他披衣起床，来到书桌前。喜欢用诗词表达心情的他，此时特别想写点什么。可是，拿起的笔又放下了。他不能说，也不能写。这是组织原则。他踱到窗前。黎明已悄悄来临。望着天边的那一抹曙光，他心里沉甸甸的。他知道，他所要从事的是一项神圣而艰巨的使命，为了这项使命，他将几年甚至几十年隐姓埋名。

那年，陈能宽 37 岁。

陈能宽在北京参加群英大会

万里西行意气浓

1963 年早春，青海的草原开始泛出让人心醉的绿意。这天清晨，陈能宽从试验室里走出来，深深地吸了一口清新的空气，感到非常爽快。又是一夜没睡，但他不觉得累。试验已到了最后的攻关阶段，他和同事们都绷紧了弦。

陈能宽看着晨曦中的一排排简易住房，心里充满了自豪：他这个在国外吃了几年洋面包的留学生，居然能勒紧腰带，在这样恶劣的条件下进行如此尖端的试验，实在是人生一大奇迹。如果自己所从事的不是绝密的事业，那么，他们在这里的一切记录，都将是一笔留给后人的巨大精神财富。

转眼已三年了。从他正式接受任务那天起，他便把研究方向从金属物理转向了爆轰物理。多年的知识积累和刻苦钻研，使他很快进入了爆轰物理的前沿，并全面开拓了中国的爆轰物理专业。没多久，他被任命为爆轰物理研究室主任。从整个任务来看，内爆法的可行性是整个原子弹研制的关键一环。如果不攻克这个难关，原子弹的爆炸就无从谈起。他领导的科学小组在王淦昌、郭永怀的指导和帮助下，开始在京郊的长城脚下，进行一次又一次

的爆轰试验。

古长城下的爆炸声，总是能激起他攻克难关的灵感。他们在废弃的提水桶里，像当年居里夫人搅拌含镭沥青一样，一次次地改变配方，一次次地试爆。经过上千次的试爆，他们终于取得了重大突破。为更快地拿出合乎标准的"新产品"，他们又在1962年从燕山脚下来到了西部高原。

西部很美。生性开朗乐观的陈能宽被如此美丽的大自然深深地吸引了。一望无际的草原，给他们这支队伍提供了更广阔的试验场。他们甚至忽略了吃青稞嚼不烂、走平路

也喘气困难的不适。"八百年前陆放翁，一生但愿九州同。华章夜读精神爽，万里西行意气浓。"他的这首诗概括了当时所有参试人员的精神面貌。

1963年夏，在进行了一次非常重要的试验后，陈能宽随张爱萍将军一同来到新疆马兰。

这是他第一次来新疆。从青海高原来到罗布泊的戈壁滩，陈能宽感到非常新鲜。更让他永生难忘的是，戈壁滩上有那么多穿着军装的人跟他们干着同样的事业，那些军人们把好吃的东西都让给了他们这些科学家。当时正值三年困难时期，

1964年陈能宽（右）与李觉在试验第一线

陈能宽在做学术报告

除了技术上的难关、自然条件的恶劣，大家每天面对的还有一个"饿"字。每天肚子总是不停地叫，可是大家仍然干着手中的事。

对于陈能宽来说，他在戈壁滩上还承受了另一种折磨：拉肚子。戈壁滩的水是"苦水"，"外来人"喝了这水便"立竿见影"。为了不影响工作，陈能宽一直拼命地吃蒜。

从新疆回到青海，陈能宽给大家讲述了戈壁滩的情况，大家很激动。他们知道，在中国西部，还有很多人跟他们一样，正在艰苦的条件下，为着同一个神圣目标战斗。

1964年6月6日，草原上一个难得的好日子，陈能宽起了个大早。这天，无论对他们这些科学家，还是对我们国家来说，都是一个极为特殊的日子。我们自己研制的原子弹将在这里进行最后一次爆炸"演练"：这次试验除了不放核燃料，将全部使用原子弹所用的材料和结构。这是一次全尺寸的爆轰模拟试验。

爆炸成功。硝烟散尽，在场的所有科学家都露出了会心的微笑。这次试爆成功，昭示着陈能宽他们这

"凝思万里新征"

些科学家经过四年艰苦的拼搏，使中国的第一颗原子弹制造的冷试验落下了帷幕。

与此遥相呼应，在广袤的罗布泊深处的孔雀河畔，中国第一个核试验场已构筑完毕。即将托举起比一千个太阳还亮的原子弹的铁塔，高102.4米，重180吨，已巍然耸立在大漠腹地。一千多只动物和军用、民用效应试验项目都已选毕运抵核爆试验场。

万事俱备，只欠东风。陈能宽第二次赶赴大漠。他的衣袋里，揣着他刚刚挥就的七律："腐恶瘟神将我欺，群英愤集攻尖题。一呼百应通南

北，驷马奔腾破钟奇。浓雾硝烟生幕帐，千波万顷聚毫厘。默燃塞外新烽火，且待春雷贯东西。"

他很清楚，真正的考验还在后面。

东方巨响势难挡

又是一个不眠之夜。1964年10月16日凌晨三点，陈能宽参加完由张爱萍上将组织的最后一次前指会议，心情非常复杂。36年后的冬日，当他回想起起爆前的感觉时，他用"无限的忧虑"来描述。当时，他在夜幕中看着那个高高的铁塔，心里所感确实如此。他们苦苦研制了四年的宝贝，马上就要被装上塔了。昨

天，前天，还有大前天……他们一遍又一遍地做了细致的检查。可是，他们的心仍然悬着。有时还正睡觉呢，就突然被一个念头惊醒了："如果铀材料搞错了怎么办？"然后就是一身冷汗。其实根本出不了这样的问题，可就是放心不下。

此刻，那高耸云霄的铁塔就静静地伫立在清冷的天宇下。它读不懂陈能宽的心情。

早上八点，两位工程师登塔完成了原子弹装配的最后一道程序，插接引爆雷管。陈能宽站在下面，一直向上望着。在这之前，他曾几次登上这座塔。这个塔，是他有生以来登过的最高的塔。在登塔过程中，他找到了攀登的"诀窍"：在向上攀登的过程中，要一直向上看，向远处看，这样，视野就会很开阔，心里就不会害怕。这也许并不仅仅是他攀登这座塔的体验吧。在过去攻关的日子里，他们的心情肯定也是如此。

下午，参试人员先后撤离发射场。塔架旁只有李觉将军和陈能宽了。"撤！"将军一声令下，陈能宽登上吉普车。车驶出试验场，离铁塔越来越远了。陈能宽感觉自己的心已高高地吊在那个塔架上了。

工作之余的切磋（陈能宽与于敏）

爱好摄影的陈能宽

十四时五十九分，指挥中心指控站的操作员开启了主导传送开关。起爆最后的倒计时开始了："十、九、八、七、六……起爆！"

天边闪过一道耀眼的强光，随着一声巨响，壮丽的紫色蘑菇云拔地而起，那情景，犹如天边骤然堆起了一道高耸的峰峦，又像一位巨人从一个窄小的瓶子里挺起魔幻身姿。成功了！陈能宽心里滚过一阵巨大的热浪：能够维护我们国家主权的正义之神终于升起来了！

当天夜里，不知多少诗人奋笔疾书。陈能宽也不例外，下面就是他当时写的一首《清平乐》：

东方巨响，
大漠天苍朗。
云似蘑菇腾地长，
人伴春雷鼓掌。

欢呼成果崔巍，
称扬祖国雄飞。
纸虎而去今矣，
神州日月增辉。

激动人心的喜讯传遍大江南北。千百万人和诗人一样欢喜雀跃。此

148

时此刻，陈能宽的妻子裴明丽心底的疑云倏地散了。她终于猜出自己的丈夫这几年在干什么了。

可是当陈能宽风尘仆仆地回到家时，她什么也没问。陈能宽看着忙碌而疲倦的妻子，看着像小树一样挨肩长大的孩子们，心里充满了歉意，他一时不知说什么好。妻子也强忍泪水，看着丈夫，发现丈夫瘦了，黑了……她心里明白，自从陈能宽四年前从这个家走出去，不，应该说，自从他们夫妻双双从国外回来，他已经把自己完完全全地交给了祖国神圣的事业。

随后的几年，相继传出了我国第一颗氢弹爆炸、竖井爆炸等成功喜讯。又是十几年过去了，陈能宽所从事的事业在外人眼里仍是个谜。他给人的印象永远像一个普通学者。很少有人知道他曾获过国家自然科学一等奖，国家科技进步特等奖，国家发明二等奖……

这就是陈能宽的故事。

还是让我们用陈能宽院士的诗作为这篇故事的尾声吧："不辞沉默铸坚甲，甘献年华逐紫烟。心事浩茫终不悔，春雷作伴国尊严。"

陈能宽与功勋们在一起纪念我国原子弹爆炸

我赞成少说多做。

杨嘉墀

江苏省吴江县人。1919年生。中共党员。卫星和自动控制专家，中国科学院院士，国际宇航科学院院士。1941年毕业于上海交通大学电机系。1947年赴美国哈佛大学应用物理系留学，获博士学位。1956年回国。历任中国科学院自动化研究所研究员、室主任、副所长，北京控制工程研究所副所长、所长，中国空间技术研究院副院长，航天工业部总工程师。

他长期致力于我国科学技术和航天事业的发展，参与中国空间技术发展规划的制订，是中国科学院早期开展航天技术研究的专家之一。他领导和参加了我国第一颗人造卫星姿态测量系统的研制。作为空间技术分系统的设计师，他为我国航天事业的发展做出了突出的贡献。

涉艰履险成嘉墀

——卫星和自动控制专家杨嘉墀的故事

因为他留过洋，又因为他姓杨，人们都称他为杨先生。他的学生这样叫，他的同事、朋友也这样叫。这位老先生研制的仪器为我国原子弹试验立了大功。他还是"实践二号卫星"的总设计师，曾经在人民大会堂从江泽民总书记手里接过16盎司的"两弹一星"金质奖章。他就是杨嘉墀。

祖父的期望

杨嘉墀这个名字是祖父给起的。嘉者，善也，美也；墀者，台阶也。这个名字寄托着祖父对孙儿的殷切期望。

杨嘉墀出生于江苏省一个殷实的家庭。祖父杨晓帆一生坎坷。杨家祖籍河南，无情的黄河水将他们一

接受江泽民主席颁发的功勋章

青年时代的杨嘉墀

家逼到了江苏太湖边上的小镇震泽。杨晓帆年未弱冠，便继承父业，与丝织业结下了不解之缘。几度春秋，惨淡经营，竟成震泽首富。"纺织娘"、"金孔雀"丝曾风行于法国、瑞士。在20年代与日本进行的殊死较量中，杨晓帆深深领悟到要复兴丝织业就必须培养人才。于是在任丝织业会长时，他出巨资兴办了"丝业小学"，希望给儿孙们开辟一片成才的天地。嘉墀出生后，老人又把无限希冀寄托在孙子身上，期望他能一步一个台阶地成为有用之才，成为国家繁荣的一个石阶，为民族工业的发展出一份力。

江南的山水孕育了他的灵气。杨嘉墀从丝业小学开始，一步步走上了求学之路：小小的震泽盛不下他的时候，乌篷船把他载到了大上海；上海交大也太小了，满足不了他对知识的渴求，于是他又远渡重洋来到美国哈佛；不可捉摸的命运之手接着又把他推上了驶往探索宇宙空间的航船。一次次的离开，都是为了更好地起飞。他成长为应用物理学博士，中国科学院院士，中国空间技术研究院副院长，国际自动控制联合会空间委员会副主席，全国人大三、四、五届代表……可谓是丹墀生辉，光彩夺目！

祖国的召唤

1949年10月，当五星红旗在天安门广场升起的时候，取得了博士学位的杨嘉墀便做好了回国的准备。但朝鲜半岛的战火，使美国参议院通过了麦卡锡法案。该法案以极无理的条款规定，凡华裔留学人员离开美国返国者，罚款5000美元，重者处以五年以下徒刑。一个穷学生哪有钱去买这张昂贵的通行证？身在曹营心在汉的杨嘉墀时刻企盼着回国的良机。

一时回国无望，杨嘉墀只好到宾夕法尼亚大学生物物理系工作。

系主任钱斯看了他的毕业论文《富氏变换计算装置及其应用》后，握着被美国朋友称为"书生杨"的杨嘉墀的手说："我们这里需要你这样的人才。"这位曾参与制造出先进雷达，使美国在"二战"中掌握了制空权的专家没有看错人。在他把当时迫切需要解决的光谱记录仪的自动化课题交给杨嘉墀后，杨嘉墀用两年时间便完成了快速模拟计算机和快速吸收光谱仪的研制。这一课题的成功结束了光谱仪手动的历史，杨嘉墀研制的计算机和光谱仪因此被专家称作"杨氏仪器"，如今它仍被当做具有纪念意义的产品保存着。三十多年后，杨嘉墀的美国同事来中国，竟然带来了一张杨嘉墀当年与"杨氏仪器"合影的照片。

1954年，周恩来总理在瑞士日内瓦举行的"讨论和平解决朝鲜问题和恢复印度支那和平问题"的会议上，提出用俘获的美国飞行员换中国留学生的建议。这样，杨嘉墀等一批急于回国报效祖国的学子们，才得以转道香港，从罗湖桥踏上了阔别多年的祖国大地。

事实证明，这些被美国人视为珍宝的中国留学生，一投入祖国的

上海交大毕业合影

153

在"杨氏仪器"前

建设事业中便发挥了极大的作用。1958年，毛泽东提出：苏联发射了人造卫星，我们也要搞人造卫星。杨嘉墀等一行6人赴苏联考察，回国后向中央提出建议：我国应从探空火箭开始，循序渐进地发展我国的航天事业。20世纪60年代初，我国探空火箭取得了显著成绩，为卫星研制

杨嘉墀（左一）赴苏联考察与同事们在一起

打下了基础。

1963 年，中国在十分艰苦的条件下研制原子弹，既没有经验，也没有仪器。杨嘉墀受命负责研制原子弹爆炸试验配套仪器——火球温度测量仪、冲击波压力测量仪及地震动测量仪。原子弹爆炸时产生的亮度是多少，找不到国外的资料，国内更没有做过这方面的模拟试验。有

卫星的升空

1975 年 11 月 26 日，甘肃省北部的大戈壁滩上升起了我国第一颗返回式卫星。在欢呼的人群里，人们找不到杨嘉墀。此时，他正在认真监控着返回卫星运转的数据。在一段时间后，监控人员收到了一组不妙的数据。这些数据显示靠喷气产生的

研制新型仪器

了火球温度测量仪，就可以计算出原子弹爆炸时的亮度，使摄影师能准确而清晰地拍摄照片。这台仪器的研制为我国掌握第一颗原子弹爆炸的原始资料立下了大功。

反作用力来实现姿态控制的卫星，由于气压下降过快，将会因氮气消耗殆尽而提前返回。指挥卫星发射的钱学森，把杨嘉墀等专家请到一起，分析产生这种现象的原因。当时气氛非常沉闷，专家们的计算结果

表明：安全回收的希望几乎等于零。钱学森把希望的目光投向了一直低头计算的杨嘉墀。杨嘉墀用沉稳的语调说："从我的计算判断，出现这一现象是因为卫星上天时温度高，空间温度低，卫星进入轨道后，冷热悬殊，气压下降的速度加快，但到一定的时候，气压就会稳定下来，支持卫星在空中飞行三天问题不大，我的意见是按原计划进行。"在做出卫星按原计划返回的决定后，杨嘉墀借着冬夜的月光，爬上了三四百米高的观山顶，在寒风中守了一夜。直到第二天，气压完全稳定下来时，他才从山上下来。

11月29日，返回式卫星环绕地球47圈，按原计划安稳着陆，国内外无不为之一震。可又有多少人知道，主持研制这颗卫星的姿态控制系统的杨嘉墀和他的同事们在艰苦的条件下，一干就是十年。

1981年9月20日，我国用一枚

在酒泉卫星发射场

群英会

火箭同时成功发射了"实践二号"、"实践二号甲"、"实践二号乙"三颗卫星，通称"一箭三星"。当时杨嘉墀是"实践二号"卫星的总设计师。

在担任卫星总设计师时，他碰到了十分棘手的问题，那就是卫星的质量问题。当时正处于"文革"动乱时期，没有严格的规章制度，又赶上三线工程，缺少保护措施。所以，很多卫星零件便出现了种种质量问题。卫星组装后进行测试，接二连三暴露出来的问题就达22个。

在组装和测试过程中，还有一个更令人担心的问题，那就是技术状态没有通过一定的组织程序就被个人变更。问题反映到国务院副总理张爱萍那里，久经沙场的老将军发出了"一箭三星"的技术状态一律冻结的指令，不许轻易变动。

在执行上级指令的同时，杨嘉墀追根溯源，组织研究人员对卫星系统的每一台仪器、每一个元器件进行了三次大复查。卫星总装厂的测试人员回忆说："杨总几乎每天都盯在测试现场，看着测试人员测试。仪器仪表上的每点小误差都逃不过他的眼睛。这样，我们有时为了测试一组数据，常常要对仪器进行多次

校正。他的严谨作风令人生畏。"正是这种细而又细、严而又严的科学态度，奠定了卫星成功发射的基础。

1981年8月，一趟专列披星戴月，经过5天的长途奔波，将卫星、火箭和参试人员送到了戈壁深处的酒泉卫星发射场。经过一个多月紧张的发射测试准备，最后发射时间定在9月20日5时。

发射的当天，新华社宣布：我国成功发射了一组空间物理探测卫星。这是我国首次用一枚火箭发射三颗卫星。

接受国际宇航科学院院士证书

在一年多的组织决策过程中，杨嘉墀看到了我国卫星研制的过程因受"文革"冲击而存在的种种不利因素。如果使卫星很快由试验阶段转到应用阶段，首先就必须解决长寿命和高可靠问题，而解决这两个问题的根本前提就在于提高设计、研制和发射质量。卫星发射成功后，杨嘉墀根据自己的体验和国外一些国家对卫星研制的管理以及技术要求，完成了论文《人造卫星的质量保护和可靠性问题》。文中细致的分析、精到的论述以及提出的具体的措施，既是对卫星二十多年研制工作质量的总结，也成为以后卫星研制工作中质量保证的重要参照。

"一箭三星"任务完成后，杨嘉墀又接着组织对"实践三号"卫星进行可行性论证及研制。由于这颗星的本意是为研制资源卫星做试验用的，所以到了1984年，根据卫星应用需要，"实践三号"卫星改为"资源一号"卫星。

杨嘉墀在担任中国空间技术研究院科技委副主任期间，他查阅、搜

在学术讨论会上

四位"863"计划的倡导者

集了大量的资料，完成了题为《我国应用卫星成就与效益分析》的论文。论文对"七五"期间各种型号卫星所能获得的效益进行了估算，结论是：我国发射卫星8颗，总投资6亿元，直接经济效益为42亿元。

工作是杨老生活的第一要旨。已经是80岁的人了，他还常常在办公室埋头工作，一干就是几个小时。1956年，当得知可以回国的确切消息后，杨老首先想到的是带一些国外最先进的仪器回来。手头上的现金和变卖家当的钱几乎都用来购买

示波器、振荡器等当时先进的仪器。他从国外带回来的光电倍增管，后来成为他研制的原子弹爆炸试验火球温度测量仪的关键元件。

1980年，他离开科学院研究所到中国空间技术研究院。上班的地点移到了十几里地以外的地方。20年里，无论风里雨里，无论天冷天热，都是准点到班车站，准点到办公室。谈到杨老的性格，他的夫人徐斐说："他是三句话合一句说的人。"杨老自己说："应该大力提倡少说多做。"所以，他的话不说则已，说出

与外国专家交谈

便是深思熟虑，语惊四座。他的性格也决定了他的工作作风：不办不说，说了即办。由此，他得到了人们的信任和尊重。从1965年开始，他先后当选为第三、第四、第五届全国人大代表，1990年被评为国家机关工委优秀共产党员。

"863"的出台

偶尔，杨老也会抽空在晚饭后散散步。他喜欢走到街心花园，喜欢看着那些欢呼雀跃的孩子。有时也信步走到老朋友家，向他们谈谈自己的新想法。影响历史进程的"863"计划，竟与杨老的散步习惯有直接的联系。那是杨老散步时和王大珩、陈芳允谈出来的。

1983年，美国提出"星球大战"计划。不久，日本的"科学技术立国"计划和欧共体的"信息技术研究和发展战略"计划相继登台亮相。这些计划的最终目的都是动员国家的力量，发展高科技，并由此带动综合国力，以便占据世界的制高点，在下个世纪称霸天下。面对这样的形势和挑战，中国应该怎么办？杨嘉墀想到了这个问题，王大珩、王淦昌、陈芳允也想到了这个问题。在1986年一个春风荡漾的傍晚，杨老散步时和他们聚到了一起，一起商量着对策。于是，由王大珩执笔，其他三人签名的建议书被转呈到了邓小平手里。3月5日，邓小平在建议书上亲批："此事宜速作决断，不可拖延。"于是便有了"863"计划。全国各界对此给予了极高的评价。

《科技日报》发表头版头条评论员文章中写道："1986年3月，面对世界科技发展的新形势和新挑战，邓小平同志高瞻远瞩，从战略高度肯定了由著名科学家王大珩、王淦昌、杨嘉墀和陈芳允联名向中央提出的发展高技术跟踪世界先进水平的建议。"

在八十多年的人生历程中，杨嘉墀时刻没有放松对自己的要求。凭着对祖国的挚爱，对科技事业的满腔热忱，他锐意进取，为祖国的国防科技事业立下了显赫功勋，成为共和国历史上的一位功臣。

时刻没有放松对自己的要求

追求真理，崇尚科学。

周光召

湖南省长沙人。1929年生。中共党员。理论物理学家。中国科学院院士。1951年毕业于清华大学物理系。1954年毕业于北京大学研究生院。1957年赴莫斯科杜布纳联合原子核研究所工作。1961年回国。历任第二机械工业部第九研究院理论研究所所长，第二机械工业部九局总工程师，中国科学院理论物理研究所所长，中国科学院院长，中国科学技术协会主席，全国人大常委会副委员长。

他在粒子物理研究方面做出了突出贡献，被世界公认为赝矢量部分守恒定理的奠基人之一。60年代初开始从事核武器的理论研究工作，领导并参与了爆炸物理、辐射流体力学、高温高压物理、二维流体力学、中子物理等多个领域的研究工作，为核武器的理论设计奠定了基础。

科教兴国之梦

——物理学家周光召的故事

1986年春，国内外的粒子物理学家来到广州从化温泉参加国际学术研讨会。在见面会上，著名物理学家钱三强教授指着一位文质彬彬的学者向海外华裔科学家们介绍说："这位是周光召教授，他是国内培养的科学家中的佼佼者！"钱三强的语音刚落，著名美籍物理学家李政道马上补充说："不，他在我们当中也是佼佼者。"李政道的评价并不是溢美之辞。早在50年代，周光召就以高能物理方面的研究而享誉国际物理学界；从60年代开始，周光召转到核武器的理论研究领域，为我国的核武器事业做出了卓越的贡献；从1976年开始，周光召又将研究工作转向粒子物理领域，提出了许多引人瞩目的创见。从50年代末开始，李政道和杨振宁教授就一直在关注着这位新中国培养出来的科学家。当他们第一次返回祖国时，他们都希望见到这位著名的物理学家。他们一见如故，很快成了好朋友。李政道的评价，周光召是当之无愧的。

"学物理吧，我们国家需要这样的人才"

周光召于1929年5月出生于湖

中科院院长周光召在做"迈向科技大发展的新世纪"的报告

1988 年中国代表团访问美国西方石油公司时与著名企业家哈默合影

南省长沙。父亲周凤九是湖南大学教授，被誉为中国公路史上第一人。周凤九曾到法国、德国、比利时留学，归国后致力于中国的公路建设，除了在大学教书外，还担任了中央政府的公路总局局长。新中国成立后，他作为有影响的专家和中国农工民主党的成员，应邀担任第一届全国政协委员，随后又被任命为中央人民政府交通部技术委员会主任。在那兵荒马乱的年代，周凤九不畏艰险，终年率人修路架桥，以求强国富民。周光召从小就受到父亲的影响，对揭示大自然的奥秘产生了浓厚的兴趣，立下了刻苦学习将来为

国争光的志向。

抗日战争爆发后，周光召随着逃难的人流来到了四川重庆。在重庆南开中学，周光召碰到了一位叫唐秀颖的数学老师。唐老师讲课非常生动，深受学生欢迎。唐老师还组织了课外小组，让学生做一些课外作业，并让学生进行讨论。周光召是一个小组的组长，他不但喜欢解数学难题，而且喜欢独辟蹊径，提出新的解法。一道题有了一个解法还不满足，他还想找出两种甚至更多种解题方法。在数学老师的影响下，周光召对数学产生了浓厚的兴趣，并在这种对数学的沉迷中养成了独立

思考，开拓进取的精神。

高中毕业后，他考取了清华大学先修班，从此就和物理结下了不解之缘。在选择专业时，他的同窗好友陈励（陈布雷之子）对他说："学物理吧，我们国家需要这样的人才。"于是，周光召选择了清华大学物理系。1951年，他以优异的成绩考取了著名物理学家彭桓武的研究生。1952年秋，全国院系调整后，周光召转入北京大学研究生院，从事基本粒子物理的研究。1954年2月，周光召以优异成绩通过论文答辩，毕业后留校任教。

在北大的几年中，周光召有幸聆听王竹溪、叶企孙等先生的教诲。他们为学之严谨与为人之笃实，让周光召景仰不已。导师彭桓武的学识素养和为人准则更是深深地影响

1996年6月在中国科学院第八次、中国工程院第三次院士大会上周光召做科学院工作报告

了周光召的一生。彭桓武不仅把周光召引进了物理学的殿堂，而且教会了周光召如何治学如何做人。彭桓武经常鼓励学生解放思想进行最大限度的创造，这使周光召养成了坚持真理敢于向权威挑战的习惯。若干年后，当他培养自己的研究生时，他也要求学生们这么做。他把自己的得意弟子吴岳良送到国外去深造，鼓励他"要敢于到国际舞台上竞争，敢于向权威挑战"。彭桓武是在新中国成立前夕回到祖国的。那时，彭先生已经在英国学术界获得了永久性的职位，享有很高的学术地位。但是，为了祖国的强大，他放弃了优越的物质生活和先进的科研环境，义无反顾地回到了祖国。他的这种义举深深地影响了周光召，以至于在声名远播之时毅然离开杜布纳，回到祖国的怀抱。周光召言传身教，谆谆告诫自己的得意弟子吴岳良："个人与社会相比是渺小的，时代决定你选择的方向。要随时准备听从祖国的召唤，要做时代需要的事情。"从彭桓武到周光召再到吴岳良，我们可以看到中国科学家的优良品格是如何一代又一代地传承下来的。

"周光召，他曾经威震杜布纳"

1957年春，初显峥嵘的周光召被国家遴选派到苏联的联合原子核研究所从事高能物理的研究工作。研究所位于莫斯科郊外的一个叫杜布纳的小镇，四周都是森林，环境非常优雅。苏联、中国、波兰、捷克、匈牙利等许多国家的科学家聚集到这里，借助一台大加速器，从事原子核物理的研究。周光召是中国专家组负责人之一，他和中国专家们一头扎进了知识的海洋。他脑中盘旋着理论物理中各种各样的公式、假设和推算，他谦虚和蔼地跟同行争论、研讨。在这幽静的森林，幽静的殿堂，幽静的夜晚，他迎来了一次又一次透进森林的朝霞。在杜布纳，周光召以其敢于创新敢于向权威挑战的精神令同行们刮目相看。当时，在一些苏联人的眼中，中国人是来学习自己的高新技术的，自然要摆一些大师、老大哥的派头，神情中也难免有几分不屑之意。有一次，苏联的一位教授向大家报告他在相对性粒子自旋方面的研究成果。报告完后，

1996年12月周光召与香港大学校长郑耀宗签订双方学术交流协议

1997年周光召与法国国立自动化研究院签订合作协议

周光召站了起来，用俄语向他提出了相反的意见。这位教授瞥了一眼这个不满30岁的年轻人，很不以为然，略带斥责意味地说道："你的意见没有道理!"周光召没有再继续进行反驳。他心里明白，要让人家看得起自己，必须拿出过硬的证据来。他整整用了三个月，一步一步地用实验证明自己的意见。然后，把研究成果写成论文，题目是《相对性粒子在反应过程中自旋的表示》。论文发表不久，美国科学家在研究中也得到了相似的结果。这就是著名的"相对性粒子螺旋态"理论提出的经过。苏联的老大哥们震惊了，他们对这位年轻的学者顿生敬意，也不得不对中国的研究员们刮目相看。

一分辛苦一分收获。在杜布纳的四年里，周光召凭着自己的扎实功底和钻研精神获得了巨大的成功。他在国外学术刊物上发表了33篇学术论文，归国前后，又在国内杂志上发表了17篇学术论文，其中不少文章得到了国际学术界的好评。例如，《极化粒子反应的相对论理论》及《静质量为零的极化粒子的反应》这两篇文章，最先提出螺旋态的协变描述；《关于赝矢量和重介子与介子的轻子衰变》是最早讨论赝矢量流部分守恒的文章之一。他提出的弱相互作用中的部分赝矢量流守恒律直接促进了流代数理论的建立，对

167

弱相互作用理论起到了重大推进作用。他的这一贡献使他成了世界公认的该领域的奠基人之一。由于他的出色表现，联合原子核研究所两次颁给他科研奖金。他一系列的卓越成就，不仅为中国人赢得了荣誉，而且使他声名远扬，成为蜚声国际科学界的青年学者。他的名字引起了异国同行的高度重视，坐落在日内瓦的欧洲核子研究中心注意到了他，第一次向中国学者敞开大门，邀请周光召到研究所工作。在周光召离开苏联将近10年之后，杨振宁教授前往莫斯科访问，向苏联科学院的一位院士打听周光召，那位院士还大加赞扬地说："啊，周光召，他曾经威震杜布纳!"

"不要发愁，你们有周光召……"

1959年6月，赫鲁晓夫单方面撕毁协议，从我国撤走专家，并扬言，中国人10年也造不出原子弹。有一位苏联专家临走前悄悄地对二机部的领导说："不要发愁，我们走了，你们也能把原子弹造出来，因为你们有周光召、王淦昌……"

当时，周光召正在杜布纳的森林里进行研究工作。按预定计划，回

周光召陪同李鹏会见中国科学院跨世纪青年人才代表

国还有半年时间。钱三强来到杜布纳看望中国专家组，并把苏联撤走专家，中国制造原子弹的工作陷入困境这一情况告诉了大家。听到这个消息，周光召的心里很不是滋味。一天晚上，杜布纳的中国专家开会，由周光召主持讨论：中国应该不应该发展自己的核武器？中国人能不能靠自己的力量把原子弹造出来？大家发表了各种不同的意见，最后一致同意了周光召的看法。周光召给二机部负责人写了一封信。他在信中表示："作为新中国培养的一代科学家，我愿意放弃自己搞了多年的基础理论研究工作，改行从事国家急需的工作，我们随时听从祖国的召唤。"为了国家的需要，周光召奉召回国，从较纯粹的基础研究转向实验研究，从风光旖旎的杜布纳来到了荒无人烟的戈壁滩。

周光召回国后被调到二机部第九研究院担任理论部第一副主任，负责原子弹的理论设计工作。在核工业部的一次会议上，周恩来字斟字酌地道出了中国制造原子弹的重大意义，并用饱含希望的目光注视着在场的科学家。为了这目光，年轻的周光召使出了浑身的解数，忘我地投入到工作中去；为了这目光，年轻的周光召在核爆之前当场立下军令状，保证他负责计算的那部分数据的准确性和第一次核爆炸的绝对成功！

在研制过程中，过分的辛苦让周光召病倒在大漠之中。聂荣臻元帅闻讯，立即派人给他送来了一筐

周光召（左一）与温家宝（左二）接见上海杰事材料新技术公司董事长杨桂生博士

苹果。在那个年代，别说是在大漠，就是在大都市，这一筐苹果也是非常珍贵的稀罕物。共和国元帅的关心和期待使他觉得自己的病立时好了许多，他撑着病体又走到工作岗位上。

在周光召归国前，彭桓武和邓稼先等人带领一些年轻人就我国第一颗原子弹的理论计算做了大量工作。在爆炸力学、中子输运、核反应、中子物理、高温高压下物质的性质等一系列问题上取得了大量数据。当时，我国还没有大型计算机，只能用手摇计算机。大家用这些手摇计算机反复计算了9次，仍然不放心，无法对一些数据作肯定性判断。在这关键时刻，周光召从千里之外赶回来加盟，这让邓稼先等人喜出望外。周光召和邓稼先等青年科学家经过一两年时间的齐心协力，终于在爆炸物理、辐射流体力学、高温高压物理、计算力学、中子物理等领域取得了许多具有应用价值的重要理论研究成果。这些成果，为弄清核武器内部的运动规律，为核武器的理论研究和设计奠定了基础，为中国第一颗原子弹的研制成功，为中国第一颗氢弹的研制成功，为中国战略核武器的设计定型以及核武器的预制研究和其他一系列科学实验，从理论方面提供了可靠的依据。

在核武器的研制过程中，周光召敢于独创，敢于向权威挑战的精神再一次显现出来。当时，世界大国对核武器的资料高度保密，中国科学家唯一可以参考的内部资料是苏联顾问向我国一位部长介绍情况时的一份口授记录。由于这份资料上的数据有个别错误，结果引发了一场争论。当时，理论部自己计算出来的一个数据和这份资料上的记载不同，有些同志认为是自己没有弄懂，所以计算不出资料上的数据。周光召不恪守苏联专家的资料，而是从最原始的数据算起，做出了一个"最大功"的计算，然后，胸有成竹地说："这份资料有错误！"一时间举座皆惊。周光召有条有理地阐述完自己的观点，大家在他的确凿的计算结果面前信服了，终于抛弃资料上的错误，重新投入到工作中去。在"大跃进"那种只讲热情不讲科学的年代里，敢于创新，敢于向权威挑战，周光召还得面对不顾科学的盲动主义倾向。为此，他建立起了严格的科研程序，从提高研究工作的系统性、严密性入手，做了大量的组织工作，为核武器理论设计的健康发展奠定了坚实的基础。

经过艰苦的努力，我国第一颗原子弹爆炸的日期终于来临。为了一次爆炸成功，科学家们把一切可能发生的问题都作了估计。爆炸前夕，前方突然传来了疑问："如果天

周光召（右三）参观中国科学院自动化研究所模式识别国家重点实验室

香港明天更好

周光召（左）会见香港特首董建华

上忽然来了中子射线怎么办？"守候在后方的周光召和其他科学家根据这一提问又再次进行了计算，最后，他们信心十足地向前方报告："我们认为我们的设计把握是很大的，出现意外的可能性小于0.1%，建议按时起爆。"周光召等人的回答，对最后决定何时起爆是有很大份量的。前方如期起爆，试验场的上空成功地升起了蘑菇云。

1976年后，周光召逐渐将自己的工作转入粒子物理理论的研究领域。他在这个领域的研究成果引起了国际学术界的重视。由于他的突出贡献，他在1964年、1987年先后获得国家自然科学奖一等奖、中科院重大成果奖一等奖。

"科教兴国，谁兴科教"

周光召不仅是一位成绩卓著的科学家，而且是一位极具开创性的领导者。作为一位国家领导人，他高瞻远瞩，为"科教兴国"做了许多开创性的工作。这种开创性的工作完全来自于他作为科学工作者的责任心，这种开创性和他作为科技领导者的经历也是分不开的。从国外回来后，他历任九院理论部第一副主任，研究所技术副所长，中科院理论物理研究所副所长、所长，中科院副院长、院长兼党组书记，国务院学位委员会副主任、国务院学部委员会执行主席等职。此外，他还先后当选为中央候补委员、中央委员、全国人大副委员长。

周光召担任中科院院长表现出了非凡的管理才能。他认为"学术民主和自由争鸣是繁荣科学的唯一途径"，在中科院"决不允许用行政手段干涉学术自由"，"科学研究中不存在经验的'框框'"，"真理的获得只有通过百家争鸣、百花齐放才能达到。"他在坚持"科学技术必须面向经济建设，经济建设必须依靠科学技术"的办院方向的基础上，进一步提出了"把主要科技力量动员和组织到为国民经济服务的主战场，同时保护一支精干力量进行基础研究和高技术创新"的方针。根据这一方针，中科院的所有科研人员分别投入到基础研究、应用研究、技术开发三大领域中去，形成了科技和经济相互促进的良性循环机制。为了使科研成果转化为生产力，他又创造性地提出了"一院两种运行机制"的办院方针，旨在建成一批引入了"开放、流动、联合"竞争机制的具有国际水平的研究所，形成一批在国际上有影响的、其产品有国际竞争能力的、技术密集型的外向型企业和公司。他还倡导中科院的科研工作与高等院校之间的联合，使中科院和北京大学、清华大学逐步建立起了若干个联合实验室，为加速改变科研机构与高校分离的体制做出了创造性的贡献。为培养青年人

周光召为青年题词

周光召应邀检阅中国人民解放军驻港部队三军仪仗队

才，他在全院的发展方针中把培养青年人放到了极其重要的战略地位，并为此采取了一系列有效的措施。例如，在中科院设立面向全国青年科技工作者的"青年奖励研究基金"就取得了卓著的成效。

为了实现科教兴国，周光召还把目光投向了全社会。他始终保持着清醒的头脑，时时提醒自己去注意倾听那华丽篇章中的不和谐之音。例如，当他得知一些地方的领导者至今仍然不重视科技的发展，把科技力量搁置不用时，他对这种行为大加批评，向全社会发出了"科教兴国，谁兴科教"的呼吁！

"我只不过是十万分之一"

我国第一颗原子弹爆炸成功之后，周恩来、陈毅、聂荣臻在中南海宴请有功之臣。事后，有人问周光召受到周总理热情款待的感想时，周光召非常谦虚地说："制造原子弹，好比谱写一篇惊心动魄的乐章，是工人、解放军战士、工程和科学技术人员等不下十万人谱写出来的！我只不过是十万分之一。"做出巨大贡献的人却把自己看成是普通的一员。这种品格是多么值得称道啊！

然而，不管周光召怎样地谦虚，国际学术界是知道这"十万分之一"的份量的，全国人民也永远不会忘记这"十万分之一"。

如前所述，早在60年代，欧洲核子研究中心第一次向中国科学家敞开了大门，邀请的第一位中国科学家便是周光召；1964年国际高能物理会议第一次邀请中国科学家参加，其中一位也是周光召；1980年，周光召应邀赴美讲学，美国物理学界以罕见的隆重方式接待了他……

他是国际粒子和场学会会员、太平洋科学协会主席兼理事会主席、国际物理学联合会副主席，他还当选为美国科学院、欧洲科学院、前苏联科学院等7个国家和地区的科学院院士……

1996年，国际编号为3462号的小行星，正式命名为周光召星。

用著名人士的名字为小行星命名，这是对他个人的事业和贡献的表彰与纪念。在这之前，世界上只有二十几名获得诺贝尔奖的自然科学家的名字与小行星的名字联在一起。这是一个很崇高的荣誉。

在新中国的科学史上，周光召也必将像小行星一样永远辉耀，熠熠闪光。

周光召与夫人郑爱琴女士在杭州

天行健，君子以自强不息。

赵九章

浙江省吴兴县人。1907年生。地球物理学家。中国科学院院士（学部委员）。1933年毕业于清华大学物理系。1935年留学德国，攻读气象学，1938年获博士学位。同年回国，任西南联合大学教授，中央研究院气象研究所所长。新中国成立后，历任中国科学院地球物理研究所所长，卫星设计院院长，中国气象学会理事长，中国地球物理学会理事长。1968年逝世。

他对中国卫星系列发展计划和具体探测方案的制定，对中国第一颗人造地球卫星、返回式卫星等总体方案的确定和关键技术的研制起了重要作用。在他的领导下，还完成了核爆炸试验的地震观测和冲击波传播规律及有关弹头再入大气层时的物理现象等研究课题。他是中国人造卫星事业的倡导者和奠基人之一。

爱心留人间

—— 地球物理学家赵九章的故事

1962年，中国科学院地球物理所所长赵九章，邀请诺贝尔奖获得者、瑞典的阿尔文教授来北京讲学和座谈。阿尔文在来华之前，给赵所长寄来了讲稿和一部新出的专著。阿尔文在专著第一页亲笔写下赵九章三个汉字。在准备接待客人的讨论会上，赵九章用刚获得世界冠军的中国乒乓健儿作例子，兴奋地说：

"科研工作要和打乒乓球一样为祖国争光"。"我们也要培养几个种子选手到国际舞台上进行比武。"

在阿尔文教授讲学的过程中，赵所长亲自当翻译，并且做了不少临场发挥。当客人问，有几位不用翻译就可以听懂他的报告时，只有少数人举手，场面非常尴尬。这时，赵九章很机智、很风趣地指指前排几位老科学家说："中国人比较谦虚，坐在前排的几位老科学家都不举手。"大家都被逗笑了。

天行健，君子以自强不息

1907年10月15日，赵九章出生于河南开封。父亲是一位中医。当时正是清朝末年，接着是军阀混战时期，到处战火纷飞，民不聊生，他家也就逐渐贫穷起来。他年幼时上私塾，读过《四书》《五经》。

由于生活困难，读书不易，赵九章常常以"天行健，君子以自强不息"勉励自己。可是，到14岁时，终

1959年4月16日赵九章（左侧座右一）应邀参加毛泽东主席召集的第16次最高国务会议

于因为家庭经济情况变坏，再也无力继续读书，只好到一家商店当学徒。但是，他求学的志向没有因为学徒生活的繁忙而熄灭。第二年，他以第一名的优异成绩考进河南留学欧美预备学校，即河南大学附中。三年后又考进了浙江工专（浙江大学工学院前身）电机系学习。这时，赵九章的父母已相继去世，生活费用全靠亲友接济。尽管生活困难，他读书的志愿也没有改变。

读中学时，他满腔热忱地投入到"五卅运动"中去。后来他参加了共产主义青年团，大革命失败后被捕入狱。在敌人的威胁诱惑面前，他没有改变自己的信念，结果身体受到严重摧残。在他奄奄一息之际，姑妈到处奔走，通过姨丈戴季陶（国民党的一位高级官员）疏通关系，把他保释出狱。他不愿依附权势，经过深思熟虑之后，终于选择了自我奋斗、科学救国的道路。

1929年，他考入清华大学物理系，由姑妈和后来成为他妻子的吴岫霞女士资助上学。他埋头学习，获得了很强的独立工作能力和进行科

1933年赵九章（中）在清华园与王竹溪、傅承义在一起

员。

他们一家四口人住在租来的一间半农舍里。这是一座又旧又破的茅草屋。孩子们穿得破破烂烂。为了补破衣服，赵九章的长裤被剪成了短裤，他妻子的棉袍变成了短袖袍。

有一次，赵九章的小女儿得了肺炎，病得很厉害，可是没钱住院。后来，多亏赵九章的老师、著名教授吴有训先生到处向朋友募捐，才救了孩子的命。

赵九章在这样艰苦的生活条件下，在日寇飞机的轰炸声中，认真编写讲义，精心教书，培养出一大批

1935年赵九章与吴岫霞女士和他们的大女儿

学实验的能力。毕业后考取公费留学，到柏林大学攻读气象科学。在学习期间，他发表了出色的学术论文。

不依权贵，甘守清贫

1938年，赵九章在德国柏林大学取得博士学位后回到祖国。他本来有一位很有权势的亲戚，再加上又是一位洋博士，完全可以谋一个又有钱又有地位的官职。但赵九章热爱科学事业，希望用自己的知识报效祖国。他选择了西南联大的教师职位，同时兼任气象研究所研究

赵九章在德国攻读博士学位

1953年4月赵九章（中）与陈芳允（左）、贝时璋（右）在一起

人才。

他想到的只有祖国和事业。在他的草屋门上，贴着一副对联："宁静以致远，淡泊以明志。"这足以表明主人的兴趣和心志。有一次搬家，吴有训先生看见赵家的全部家当，只用一辆小马车就拉走了，就说："看见九章搬家时那点东西，我都要掉泪。"而赵九章本人，越有困难，越是加倍努力。他在教学之外，还埋头

1953年赵九章（右一）与中国科学院第一次访苏代表团的同事们在一起

研究"摩擦层中风随高度变化的规律"。他是利用"求解数学物理方程"的方法进行研究的。就是这一研究使赵九章成为我国第一位把数学和物理引入气象学领域的人。

路越难，志越坚

我国近代气象学创始人竺可桢创建了气象研究所。后来，因竺先生工作太忙，就推荐赵九章代替他做

一辆汽车，在云贵高原的崎岖山路上爬行了一个星期才来到气象所。气象所只有十几位职工，几排平房。但赵九章非常热爱研究所，后来为之付出了大半生的精力。

赵九章在研究中，一直密切注意着世界上气象科学发展的前沿动态。国外一位科学家揭示出大气中长波的存在。赵九章在此基础上很快就研究出：大气长波的波长超过

1957年赵九章（中）参加国际地球物理年会与同行在一起

所长工作。

1944年春，赵九章一家搬到中央研究院气象所，地点是在四川北部嘉陵江畔的一个孤零零的小山丘上。他们一家人，还有几个同伴，乘

一定值，是不稳定的。他后来到美国讲学，这一理论受到了重视。

赵九章领导全所人员不断积累资料进行学术活动。抗战胜利后，气象研究所搬回南京北极阁。赵九章

把北极阁称为"象牙之塔"。一年中秋，国民党重要人物吴稚辉要来北极阁登山，并打算在这里饮酒、赏月。赵九章不惧权贵，为了维护研究所的圣洁，断然拒绝了这一无理要求。

为了保护气象研究所的资料和图书，防止研究所遭受战火之灾，他在淮海战役后设法把研究所搬到了上海。国民党政府密令他把研究所迁往台湾。赵九章坚决顶住压力，对所里的人说：

"只要我在，气象研究所就不许再搬动。"

他还说，振兴中国，只有共产党才能做到。

由于他的努力，他终于和研究所内科学家们一起留下来，后来为新中国的气象事业立下了不可磨灭的功勋。

不拘一格育英才

赵九章培养人才不拘一格。有一位司机叫王宝根，非常好学。赵九章就把他送到北京工业学院学习，王宝根毕业后成为具有专业知识的

1957年赵九章在国际地球物理年会上做报告

1958 年赵九章（中）在黄山为建全国气象台站选点

技术人才。还有一位工人，叫陈建奎，没有学历，但勤奋好学。赵九章把他送到清华大学学习，陈建奎后来成了厂长，也是重要的技术骨干。

赵九章善于选拔可造之才，加以培养。其中最有名的是周秀骥。赵九章先把他送进北大学习，后来又送到前苏联继续培养。周秀骥后来成为中国科学院院士，中国气象科学院名誉院长。

赵九章在南京当气象研究所所长时，为培养更多的气象人才，还兼任中央大学气象系的课程，讲授动力气象学。南京的夏天十分炎热，人不动也会汗如雨下。他却认真备课，一丝不苟，每周上课 6 小时。

他培养年轻人，循循善诱。有一次，他因为要开会，就把自己讲授"空间物理"课的任务交给了一位年轻人。可是，这位年轻人和当时许多人一样，怕教书影响科研。于是赵九

赵九章与夫人吴岫霞女士

与夫人在玉兰堂观赏海棠花

章就对他说：

"研究所的人的知识往往像鸡爪子一样，他在某些领域内有很深的知识，但在各个领域之间往往很难连贯起来。而通过讲课可以使鸡爪变成鸭掌。"这位年轻人讲完课，真的受益匪浅。

爱心似春雨

研究所里有一位年轻的研究人员，爱人体弱多病，临产时因为心脏病复发而难产了。孩子出生后母亲没奶。当时正赶上三年困难时期，什么都买不到。赵九章坚持让他的女

土改十年后去看望当时工作过的地方的老乡

1964年赵九章(后排左四)与王淦昌(后排左五)和中国科技大学的学生在一起

儿或夫人，每天送一瓶牛奶给孩子，自己却因为缺乏营养得了浮肿病。

他对自己的孩子也是爱心有加。小女儿爱撒娇，每天不爱起床，他就讲一段《西游记》，这样孩子才起床。他还笑着说小女儿是"小霸王周通"。

抗日战争时期，孩子有时不能上学，就由母亲教数学，父亲教语文，孩子背唐诗和写字也都离不开父亲的指导。女儿上二年级时，不知作文应当如何写，赵九章就一句一句教她写。女儿照爸爸说的写下来，送到老师那里，老师问："这是你自己写的吗？"并且只给打了80分。孩子回家一说，赵九章却大笑起来："哈哈，爸爸的作文只得了80分！"

赵九章对孩子的考试名次从不在乎，考第几都高兴，也从来不因为名次奖励孩子或者处罚孩子。他注重孩子的真才实学。这是多么难能可贵啊！

有一次，赵九章读古诗词，看到辛弃疾的一个佳句，拍案叫绝，对孩子说："快来看，——'管山，管竹，管水'，太好了！"父亲的质朴天性，给孩子们留下了深刻的印象。

对于孩子来说，赵九章是一位最慈祥的父亲。

1968年春节时全家最后一次合影

呕心沥血造卫星

赵九章是我国人造卫星的倡导者和奠基人之一。1958年，毛泽东主席说"我们也要搞人造卫星"，于是中国科学院成立了"581"组，研究卫星问题。钱学森是组长，赵九章是副组长，主持技术组工作。从此他把主要精力转到这方面来了。

这一年，他率领代表团到苏联考察卫星，但苏联关于这方面的一切技术资料都是保密的。赵九章和其他同事通过冷静分析，提出我国空间探测应该"由小到大，由初级到高级发展"，"走自力更生的道路"。

科学院据此提出"大腿变小腿，卫星变探空"的方针，调整了研究计划。于是赵九章便和其他领导人一起组织人力进行人造卫星预研工作。

1964年10月，他和一些人应邀到酒泉基地参观导弹发射试验，和基地搞火箭的同志座谈。年底，他在最高国务会议上作了关于发展我国人造卫星的发言，不久又专门给周总理写了信，建议国家尽快制定发射卫星的计划。

根据周总理的指示，中国科学院着手组织研讨卫星规划。赵九章认为，卫星要上天，就要把它的运动规律、轨道设计计算以及轨道测量等问题搞清楚。他亲自找著名的数学家，组织他们进行轨道计算。在他主持下，中国科学院成立了"651"任务组，专门从事轨道计划的研究。中国科学院经过多方面准备后，举行全国性"651"会议，由赵九章、钱骥就我国卫星研制的总体方案作了报告。

"651"会议确定1970年发射我国第一颗卫星——"东方红一号"，其目标是"上得去，抓得住，听得见，看得着"。会后成立"651"设计院，赵九章担任院长。

正当他为这一事业倾注全部心血之时，正当他为中国空间事业大展宏图之际，"文革"来了。他无端受到诬陷，最后含冤去世。连家属都不知他的遗体是在哪里火化的。他没能看到我国人造卫星上天的壮丽景象。历史是公正的，在去世十年之后，他终于得到了平反昭雪。1999年9月18日，他获得了"两弹一星"功勋奖章。

与张文佑在一起

187

科学研究来不得虚假，
人的一生必须正直。

江苏省无锡市人。1922年生。中共党员。冶金学和航天材料专家。1945年毕业于上海交通大学，1947年赴英国伯明翰大学工业冶金系留学，1951年获博士学位。1954年赴联邦德国工作。1957年回国。历任国防部第五研究院一分院材料研究室研究员、主任，材料研究所所长。1968年逝世。

他作为我国第一代航天材料工艺专家和技术领路人，对现代冶金学有关金属和合金黏性、流动性的研究卓有成绩。他领导了锰基钎料合金的研制和钎焊工艺研究课题，成功研制了国产一号及二号锰基钎料，并以钎焊结构取代了我国液体火箭发动机的老式焊接结构。他还主持了液体火箭发动材料的振动疲劳破坏问题和液体火箭焊接结构的振动疲劳问题的研究，并应用到型号的研制工作上，对火箭部件的设计、选材和制造起到了指导性的作用。

英风浩气铸国魂
—— 冶金学和航天材料专家姚桐斌的故事

作为"两弹一星"功勋科学家，姚桐斌的专业远不如其他科学家那样"惹眼"，摄像机和媒体最先关注的是那些火箭总设计师和卫星总设计师。他们周围弧光闪烁，挤满了鲜花和记者。可是人们并不知道，这些赫赫有名的火箭总设计师、卫星总设计师最先关注的却都是姚桐斌。每当航天事业酝酿新的飞跃或是一个新的研制方案出现时，那一双双充满智慧的眼睛就会不约而同地投向姚桐斌。

聂荣臻元帅则一语道破天机："材料要先行……"

兵马未到，粮草先行。在火箭、导弹和航天器的研制中，材料好比是粮食，制造工艺好比是大师傅的手艺，姚桐斌就是一位研制先进材料和制造工艺的人。

面对总设计师们急切而近乎审视的目光，姚桐斌的脸色总是那样清逸，玳瑁眼镜架后面那温和而又深沉的目光传递出来的是自信。"我们既然有做某种事情的天赋，那么，无论如何都必须把这件事做成。"从中学时代就推崇居里夫人这一名言的姚桐斌确实有这种胆略站在火箭和卫星研制的最前沿。姚桐斌从零开始，领导了我国各种复合材料、高温材料技术及其工艺的革命，和"两弹一星"强烈的冲击波一起，使中国的现代材料技术和现代材料工艺跟上了世界先进水平。

永远第一

1922年9月3日，姚桐斌出生于江苏省无锡县黄土塘镇。童年靠父、兄做粮食生意的微薄收入读完了小

在英国留学时的姚桐斌

学。由于家境困难，父亲不想让孩子继续读书，可是校长十分喜欢这位品学兼优的学生，在他的极力劝说下，姚桐斌进了无锡县立初级中学。上中学后，家里的开销更大了，12岁的小桐斌不得不辍学，白天在镇上摆摊卖香烟、火柴、袜子等日杂用品，兼做家庭教师和打零工维持生计，积攒读书需要的费用。到了晚上，他就一头钻进从别人那里借来的中学课本里，开始了艰苦的自学。两年后，姚桐斌带着一点点积蓄来

到上海读高中。

抗日战争爆发后，华北和江浙地区先后沦陷，日本侵略者在占领区烧杀抢掠，为非作歹。日本侵略者在占领区规定了学校的教学内容，企图培养一代日本国的"良民"。姚桐斌不愿意生活在日寇的铁蹄之下，更不愿意读侵略者规定的课本和日本语，他和四位志同道合的同学冒着生命危险，越过日军的封锁线，辗转来到了江西吉安，就读于吉安国立13中学的高中部。

高中毕业时，姚桐斌获得了江西全省高中毕业生汇考个人总分第一名，并在校长的资助下，赴湖南衡阳、长沙参加各大学的考试。19岁的姚桐斌以优秀的成绩分别被武汉大学、湖南大学、中正大学、湘雅大学、唐山交通大学等5所大学同时录取。

1941年10月，姚桐斌来到因战争而迁入贵州的交通大学。在这以后4年的勤工俭学经历中，他竭尽全力，埋头苦读。

毕业的那天，校长走进礼堂，挤得满满的会场顿时安静下来了，人们听到的第一个名字就是姚桐斌。姚桐斌以全校第一的总评成绩获得了学士学位。

又是一个"第一"，年轻的姚桐斌似乎是幸运的，在学习的关键时

在主持召开留学生会议

姚桐斌的学生时代

刻不是有校长相助，就是有"第一"相伴。其实，只要看看他的优异成绩，看看他辍学摆摊，穿越封锁线求学的艰苦经历就可以知道，姚桐斌的志向和勤奋决定了这一切。

作为一位勇敢的征服者，姚桐斌在学习中初尝成功的快乐。

"红色信使"

第二次世界大战的烽火平息以后，由于战争的破坏，亚洲、北美及欧洲的许多国家和城市满目疮痍，全世界都在恢复生产，重建家园。欧洲因其优越的工业技术基础复原得最快，其优越的传统工业技术和科学技术在摆脱了战争阴影后，随着社会生产力的突飞猛进又异常地活跃起来，欧洲又成为各国学子和科学家向往的地方。

1946年，姚桐斌参加了抗战胜利后的第一次公费留学考试。这次考试集中了全国大量的优秀学生，加上国民党官员子女的卷入，竞争异常激烈。姚桐斌最终以无可争议的优异成绩考取了公费出国留学。姚桐斌看中了工业革命的故乡——英国。1947年10月，姚桐斌来到英国伯明翰大学冶金专业学习。这里是英国的冶金工业重镇，在这得天独厚的学习环境里，姚桐斌第一次感受到了什么叫如鱼得水。这里荟萃的众多名师深深地吸引了他。

自信而谦和的青年学者（在英国）

这里学术气氛浓厚，科研和工业生产联系紧密，姚桐斌贪婪地遨游在知识的海洋里。一个博士学位不够，姚桐斌又在英国伦敦帝国学院获得了第二个博士学位。

提起双博士学位，姚桐斌很坦然地承认："这是我生活中很重要的一部分，来到英国后，更感到祖国的贫穷落后，我只想多学一些带回祖国。"

世界上有成就的科学家对一切新生事物的健康发展都会表现出格外的青睐，姚桐斌也不例外。

在英国留学时，姚桐斌参加了中国科学工作者协会英国分会和中国留英学生总会的工作，担任了留英学生总会的主席。这期间他与国内共产党组织取得了联系。1949年10月，新中国成立了，姚桐斌激动万分，立即代表海外的爱国学生向国内发了贺电，热情地向毛泽东主席祝贺。作为留英学生总会的主席，姚桐斌经常收到新中国寄来的报纸、杂志和一些影片资料。看到新中国的进步，姚桐斌十分兴奋，他经常到留学生和华侨中间去宣传，被他们称为"红色信使"。

这引起了敌视新中国的英国政府的不满。一天下午，姚桐斌辅导完学生，刚刚回到办公室就接到了通知：自己被英国政府宣布为不受欢迎的人，限期离开英国。同事们纷纷围上来，表示对当局的不满："M.姚，我们十分敬佩您的才华，更敬佩您的正直，我们相信，您将是我们中间最棒的。"

1954年，世界著名的铸造学教授依·皮活斯基(E.Pivowarski)把姚桐斌请到了联邦德国亚亨工业大学，让他在自己领导的研究所工作。工作期间，姚桐斌先后到过几个国家的大学讲学。他一如既往地宣传社会主义祖国，他要让人们在了解他的学术观点的同时也了解新中国。在宣传新中国的过程中，姚桐斌自己也受到了强烈的感染和教育，政治上取得了飞速的进步。他加入了中国共产党，成了一名真正的"红色使者"。

他在亚亨工业大学只工作了3年时间，却给学校留下了深刻的印象。他扎实严谨的基础理论与富有挑战的学术创新风格，给一贯刻板的校园带来了一股清新的空气。20年后，亚亨工业大学校长来华访问时，还到处打听姚桐斌的消息，并且十分希望姚桐斌能回母校工作。可是，那时谁也不知道姚桐斌的下落。又过了两年，亚亨工业大学的一位

在研究所的工作会议上

教授来到清华大学讲学，找到校长，希望校长帮他找到姚桐斌。他一直为与姚桐斌当年合写的许多论文感到得意，因为那些文章确立了他在学校里的地位。当他知道姚桐斌的详细情况之后，他忍不住哭了，他为失去这样一个天才的朋友而悲恸不已。

"阳春白雪"

1957年9月，姚桐斌回到祖国。这时他已是一名光荣的中国共产党党员了。这位才华横溢、热血沸腾的青年学者穿上军装，怀着献身祖国导弹与航天事业的雄心壮志，开始了科学研究工作。

姚桐斌被指派到国防部第五研究院一分院，负责筹建航天材料科学研究所。然而，对于航天科研，姚桐斌面临的却是起点几乎等于零的现代材料工业。上班的第一天姚桐斌来到北京南郊的临时办公室，迎接他的是十几名刚刚从学校出来的大学生和一台用来做金相分析的显微镜，几张桌子上放着的都是学生们带来的大学教材。

姚桐斌和大学生们谈起了夏、商时期青铜的冶炼和铸造。谈到了我国出土的礼器、兵器、生产工具，特别是人们熟悉的司母戊大方鼎，

姚桐斌与心爱的女儿

也谈到了姚桐斌引为自豪的"六齐"（"齐"同"剂"，是剂量的意思）。"六齐"是我国古代冶炼者配制锡青铜的六条规则（见《周礼·考工记》），总结了铅锡合金中含锡量在不同比例关系下材料的特性和它们在不同温度条件下冷却的特性。这是世界冶金史上最早的理论。

姚桐斌自信地笑了。他的笑，释去了大学生因条件简陋而凝结在脸上的愁云。几十年后的今天，在由姚桐斌创建的航天材料工艺研究所里挂满了各种国家级奖章。这个研究所承担了中国大中小型火箭、巨型火箭、载人飞船的材料和工艺的研究及生产任务，因而享誉国内外。

人们都知道，飞机要飞得快、飞得高，需要发动机的金属具有高温强度和高温抗腐蚀性。很早以前，科学家们就想到了利用喷气发动机，但直到有了能经受得住涡轮发动机中猛烈气流和燃烧及燃料腐蚀的金属后，这种梦想才成为现实。对于消耗数百吨甚至数千吨燃料和氧气的火箭发动机来说，材料的要求就更苛刻了。因此，各种复合材料、高温材料和工艺成为火箭和卫星发展水平的主要标准。这些材料及工艺成为世界航天和宇航技术的前沿，像青铜、钢铁代表着技术发展的不同阶段一样，它也代表了现代高科技的水平。姚桐斌正是这个前沿研究的实践者和组织者。

有人把搞火箭的人称为驯火人。其实细细分析，姚桐斌才是真正的驯火人！就像阿拉丁的神灯一样，放荡不羁的烈性燃料在姚桐斌和同事们研制的材料中变得服服贴贴。

在他的主持下，研究所组织开展了500余项课题的研究，其中50%以上为预先研究课题，包括高强度钢、新型不锈钢、高强度铝合金、难熔金属、高温钎焊合金、密封件材料、复合材料等新材料研究课题，以及焊接新工艺、化学铣切工艺、金属软管工艺、蜂窝结构等工艺研究课题。这些预研课题不仅解决了许多技术关键，而且还取得了一大批突破性的科技成果。

其中液体火箭发动机部件疲劳破坏的研究和利用真空吸注法研制出导弹与运载火箭所急需的铜棒材坯料的成就尤为突出。

然而，对姚桐斌来说最具有挑战性的，还是高温钎焊合金材料的研制。60年代初，有的国家采用此项技术后，导弹和火箭技术获得了巨大的飞跃。这项技术是如此神秘，以致到了今天国外仍旧对我国保密和封锁。高温钎焊合金材料的研制成功满足了我国远程火箭发动机的迫切需要，使得我国远程火箭取得了举世瞩目的成就。

钎焊合金的研制和工艺为我国锰基钎料合金的发展奠定了坚实的技术基础。对它的研制成功，姚桐斌用research一词来加以描述。他说："research是'研究'的意思，词根是search，意思是寻找，词头re意为重复。我们的工作就是反复研究，反复寻找，直至找出规律。"

在研制钎焊合金的时候，中国整个材料工业还停留在简单地满足建筑钢材的水平上，连一些优质合金钢都生产不出来。姚桐斌的研究称得上是阳春白雪了。可是偏偏有人还要把姚桐斌拉去搞小高炉，土法炼钢。上班的时间不能占用，到了星期日，姚桐斌还不得不去"大炼钢铁"，谁让你是学冶金的呢。

小高炉生产出来的大量废铁因为没有用而被弃置了，"阳春白雪"的高温钎焊合金材料却获得了国家科学技术进步奖特等奖。

试验成功后，开怀的姚桐斌所长

姚桐斌的一家

永远的遗憾

安徒生在童话《野天鹅》中讲述了这么一个故事：善良的小公主为解救被魔法变成野天鹅的哥哥们，不得不保持沉默，被人误指为巫婆后，也无法开口为自己辩护。当她坐在行刑的火柴堆上时，也只能默默地编织着救哥哥的茅草衣。

姚桐斌也有着同样的经历。在"文革"中他受到了批判，他坚持的工作制度和工艺规程被斥为资产阶级的一套。姚桐斌没有像小公主那样坐在火柴堆上，而是在满墙批判他的大字报中，在头顶悬挂着批判他的大标语中走来走去，若无其事地与工程技术人员和工人娓娓而谈。姚桐斌毫无顾忌地走进研究室、实验室和车间。因为他十分清楚在那么混乱的环境下，工艺和程序稍有不慎，就会带来整个试验的失败。被打倒的"当权派"和"走资派"们靠边站了，不能工作了。可是被批判的姚桐斌还要工作在花花绿绿的大字报中。在那些不能辩解的日子里，姚桐斌以坚定的理想和信念作为精神支柱，默默地承受着、忍耐着、工作着。

随着一次次的实验和修正，新材料成分的揭密愈来愈临近，新材料的工艺设计要求也愈来愈清晰。此时姚桐斌脑海里只有钎焊合金，外界的一切都被"屏蔽"了。在"批判"和"革命"的空隙中，姚桐斌顽强地坚持开展科学技术工作，领导着一场世界上最艰苦、最有创造性的"复合性"试验。很快，新型火箭发动机急需的高温钎焊合金材料研制成功了。

那些天里，火箭专家任新民走路的脚步比以前快了许多，钱学森更别提有多高兴了，所有的火箭人都迫不及待，跃跃欲试。小公主的哥哥们得救后，小公主可以说话了。可是姚桐斌承受的成功喜悦、忍受的痛苦和满腔的委屈却无处述说，连对自己的爱人都不能说。他的工作是绝密的，他没有生活在安徒生的童话里。

在恶劣的环境中，姚桐斌在常人无法忍受的身心摧残甚至人性摧残中，表现出了异常的忍耐力。

风范长存

姚桐斌本是一个乐观、活泼、风趣、富有深厚情感的人，只是特殊的时代给了他更多的悲剧色彩。

同事们都记得姚桐斌的谈笑风生，他也喜欢和同事们在一起。作为所长他平易近人，尊重别人，深得广大科技人员的敬重与爱戴。春节晚会上，姚桐斌头上系着一条白毛巾，身上反穿一件羊皮袄，拿起教鞭，做着赶马的架式，唱了起来："达坂城的石头硬又圆，西瓜大又甜，达坂城的姑娘辫子长，两只眼睛真漂亮……"随着结尾的一声"嘿"，屋子里响起了欢快的笑声和掌声。

姚桐斌爱同事。他当所长时，所里的大学生和青年工人陆续成家，新婚者都希望所长能来参加婚礼。

姚桐斌与妻子、母亲在一起

姚桐斌也十分了解他们的心情，只要是不出差，不开会，工作再忙他也会带着小女儿来给新郎新娘祝福。端起祝福的酒杯，看着幸福的新人，姚桐斌时常会想起第一次见到彭洁清的情景。

在一次留学生相聚的晚会上，姚桐斌的目光被一位仪态娴雅、气质不凡的女学生吸引住了。她身材娇小，举止落落大方，在一群女生中分外显眼。她就是姚桐斌后来的妻子彭洁清。姚桐斌径自走向彭洁清，邀请她跳舞。这本来很正常，但是那个晚上姚桐斌却再没有请别的女同学，一直和彭洁清舞至曲终人散。彭洁清后来回忆说："姚桐斌一进会场就引起了我的注意，颀长的身材，清秀的面孔，浓密的黑发，高高的鼻梁，架着一副玳瑁眼镜。文雅潇洒的风度给我留下了强烈的印象。我十分想认识他，没想到他真的向我走过来。"

姚桐斌的直觉是对的。可是在农村的老母亲就弄不明白了，这么大的事，怎么跳一次舞就解决了？她来到北京，专门要看姚桐斌和彭洁清二人跳舞。在《蓝色的多瑙河》的舞曲声中，二人翩翩起舞，老母亲还是看不懂，但是母亲相信儿子喜欢的总是好的，更何况儿子用这种方式"捕获"了这么一位漂亮可爱的儿媳妇。老人高兴极了。

姚桐斌爱孩子。有一次他出差的时间较长，就给家中寄回一封信，信中没写一个字，却画了一只公鸡站在远远的地方探着头，画的下方是一只母鸡和三只小鸡。孩子们抢着看画，急切地找着自己，"这是我！""这是我！""这是妈妈！"小小的一张纸留下了孩子们的欢笑……

热爱生活的姚桐斌是快乐的，他给人们带来的也总是欢乐。

热爱祖国、热爱党、热爱工作的姚桐斌是虔诚的，他纯得像一块水晶。

三年困难时期，北京的食品供应越来越差，人们凭配额购买食物。姚桐斌已有好久不沾荤腥了。一天，彭洁清到附近农民家里买了一只鸡，炖了一大锅汤。香味很快充满了整个房间，孩子们欢喜雀跃。姚桐斌回来后得知鸡是从农民家买的，就劝彭洁清："组织上不让买私人食物，我是所长，应该遵守这个规定。"说着自顾自地吃饭，连鸡汤也不肯喝一口。

刚回到国内不久，姚桐斌的女儿出生了。他手捧一束鲜花来到医院，看着女儿胖乎乎的小脸，掩饰不住内心的喜悦。姚桐斌冷不丁冒出一句："我们要不要给孩子起名叫超英?"彭洁清笑着制止了他:"这个医院已经有好几个新生儿叫超英、赶美的了。还是另起个名字吧。"妻子的话是对的，她也十分理解留学英国、而又被英国政府宣布为不受欢迎的人的姚桐斌冒出这两个字的心情 。

小女儿以后没有叫超英，可姚桐斌却做起了"超英"、"赶美"的伟大事业。

姚桐斌的"两弹一星"功勋奖章送进了中国革命历史博物馆，与中国古代火箭一起向全世界吟唱着中华民族的太空之旅。晚上，它静静地躺在博物馆的陈列室里，对着天天相伴的人民英雄纪念碑悄悄述说着它的遗憾。闪闪的功勋奖章是如此的光辉，又是如此的沉重。它记载着一代人的辉煌，同时也记载着一段不应忘却的历史。

彭洁清女士在姚桐斌的塑像前

为了祖国的空间事业，我愿意负重，我必须疾驰。

钱骥

江苏省金坛县人。1917年生。中共党员。空间技术、空间物理专家。1943年毕业于中央大学师范学院，1949年后历任中国科学院地球物理研究所室主任，第七机械工业部第五研究院卫星总体设计部主任，第五研究院副院长，科技委副主任，中国宇航学会理事，中国空间科学学会副理事长。1983年逝世。

他是我国空间技术的开拓者之一，曾经参与制定星际航行发展规划，提出多项有关开展人造卫星研制的新技术预研课题，领导并负责组织了多项制造卫星所需要的仪器设备的研制工作。他是我国第一颗卫星"东方红一号"方案的总体负责人，为回收型卫星的研制做了大量的技术和组织工作。

骥行千里

——空间技术和空间物理专家钱骥的故事

江苏省金坛县出了一位大数学家——华罗庚，这是人人都知道的。江苏省金坛县还出了一位人物，却很少有人知道，他就是中国"两弹一星"功勋科学家，中国卫星的总设计师——钱骥。

钱骥的名字长年随着"581"、"651"等绝密代号封藏在国家机关部门的保险柜中。知道他的人极少极少。

1999年9月18日，在人民大会堂表彰为"两弹一星"做出突出贡献的科技专家大会上，人们首次听到钱骥这个名字，首次将他和人造卫星联系起来。

大哥哥，小先生

钱骥出生于江苏省金坛县的一个小职员家庭。在钱骥的印象中，父母总是忙碌着，家里的一切安排得

钱骥在空间技术研究院的办公室潜心研究

朝气蓬勃的钱骥

井然有序，善良的父母把诚实教给了孩子。家境虽然困难，但父亲仍坚持让孩子去读书。钱骥十几岁时父亲去世了，留下了一个七口之家。母亲带着6个孩子，日子更加艰难，但母亲遵照父亲的遗愿，再困难也要坚持让孩子上学读书。作为长子的钱骥自然要替母亲分忧，每天除忙完了自己的功课外，他还一定要帮助弟弟、妹妹们学习。看着比自己相差不了几岁的弟弟、妹妹，小钱骥不免有些心虚，他极力模仿大人，压低了嗓音，可弟弟、妹妹并不理会他这一套，推来搡去地抢着让他帮助检查作业。

为了帮助母亲照顾弟弟、妹妹，小小的钱骥还练就了一套讲故事的本领。古老的中华民族有着丰富的故事宝库，小钱总也讲不完。受惠的除了弟弟、妹妹，还有他的同学。中学时代的一些老同学提起钱骥都还记得：钱骥这个人老实、正直、机敏、幽默，学习成绩很好，酷爱历史，善于讲历史故事。

在辅导弟弟、妹妹的过程中，钱骥发现讲题比做题更难。为了讲好一个作业题，他这位"小先生"经常需要备课，否则就应付不了弟弟、妹妹一连串的"为什么"，他也由此获得了很大的好处。备课和讲课训练了小钱骥的思维能力和逻辑分析能力。钱骥后来没有成为一位教授，但这种"教授生涯"的职业训练在他身上留下了深深的痕迹，由此他养成了严谨治学、扎实办事的作风。

痛苦与抉择

1938年，日本侵略者攻陷了上海，中央大学迁往四川重庆，钱骥也随着学校踏上了西行的道路。有一天途经武汉地区，火红的骄阳挂在头上，师生们匆匆赶路，疲惫和焦虑时时袭扰着已经高烧两天的钱骥。这时天上出现了日本飞机。飞机飞得很低，飞行员完全可以看清地面上的这支队伍是平民百姓，而不是携炮持枪的中国军队。但是，炸弹还是扔下来了。大家四处躲避，硝烟弥漫，气浪滚滚。一颗炸弹落在了钱骥的附近，他被震得从地上弹了起来。

轰炸过后，地上狼藉一片，到处都是书籍、衣物、碎纸片。钱骥发现身边的一位同学满身是血，在充满硝烟的阳光中，鲜血不断地从他的面颊上倾泻下来。

几天的撤退，敌机的轰炸和同学的惨死，深深震动了钱骥。他突然觉得自己手无寸铁，如此无力。任人宰割的现实深深地刺痛了钱骥，也使他认清了国家的实力与个人之间的内在联系。和当时的进步青年一样，个人的选择没有了，工业救国、科学救国成为钱骥的首选目标。大学毕业后，钱骥没有去当教师，而是奔赴当时中国科学技术的前沿阵地——中央研究院气象研究所，在著名科学家赵九章领导下从事科学研究。

新生命，新生活

1949 年的春节过后不久，中国人民解放军逼近长江，"打过长江去，解放全中国"的号召鼓舞着每一个关心祖国命运的中国人。钱骥天天看报纸，每当看到解放军逼近南京的消息，他就会去找赵九章。他并不仅仅是在等待解放军的到来，而且为迎接解放同国民党当局作了不懈的斗争。这年 3 月，随着国民党的溃退，南京政府下令，中央研究院所属研究所的全部人员携带设备、仪器、资料，迁往台北。钱骥所在的气象研究所成了重点，国民党分子天天作动员，威逼科研人员。在中国历

迎接新中国到来时的钱骥

聪明、机敏的钱骥

史发生巨变的这一时刻,钱骥果断地翻开了他人生历史上最重要的一页。他和赵九章两人商定,保护研究所、保护资料、保护设备和仪器,抵制搬迁,迎接解放。那时他还不是一名共产党员。

在保护研究所的日子里,钱骥将生死置之度外。一个整天与书本、仪器打交道的文弱书生,不仅要直接面对国民党中央研究院的催逼和国民党特务的骚扰,而且还要面对一些不愿留在大陆的同事的反对。在这样的危难境地,钱骥充分展示了他的勇敢、聪明和机敏。他和赵九

章除了坚持不让资料、仪器外流外,还以集中设备、集中整理以便搬迁为由,让中央研究院派车将零散在外面的仪器运回研究所大楼,待运回之后,他们又说资料太乱,仪器设备不全,一定要整理好,否则长途搬运,容易散失,运到台湾也是废物一堆。他们以此为由,与当局周旋。钱骥后来回忆道:"当时国民党撤退,飞机船只十分紧缺,国民党大员撤运私家货都来不及,我们提出理由正合他们心意。"在那腥风血雨、危机四伏的日子里,钱骥冒着生命危险为新中国留下了当时中国气象学最先进的设备、资料,甚至包括主要科学家在内的整个科研系统。解放以后,保护下来的研究所并入了中国科学院。每当人们提及此事时,他总是淡淡一笑。在护所过程中,钱骥感受到了一种前所未有的责任感。同样的仪器、同样的资料,从被接管的那一刻起便都开始了新的生命,钱骥也开始了他新的事业。1951年,他光荣地加入了中国共产党。

新的生活也开始了。钱骥结识了史丽君——一位典型的东方女子。她的额前有几许刘海,梳着两条小辫子,辫子上总是扎着红红的丝带。她喜欢和钱骥漫步在地球物理研究所门前的林荫小道上,路灯透过法

国梧桐树的枝叶，将两人依偎的身影拖得很长很长。望着那长长的纤瘦的身影，史丽君怎么也想象不出眼前的他是如何面对国民党特务的。

"581"，"651"

1957 年 10 月，苏联发射了第一颗人造卫星。当时中苏关系尚处于正常阶段，苏联"老大哥"的成就鼓舞着每一个中国人。

50 年代的中关村拥有几十座全国最高级的研究机构。这里人才济济，学术空气浓厚。这里自然也就成为全国最关注太空事业的地方。云集在这里的专家、学者们，踌躇满志，准备大干一番。一天下午四点多，钱骥被赵九章用电话叫到办公

钱骥与史丽君女士在地球物理研究所门前

室。"小钱，"赵九章习惯地称呼着钱骥，"我们谈谈卫星吧。"赵九章讲话总是这么单刀直入。

下班了，人们陆续离开办公大楼，楼里寂静无声。晚上 10 点多，有人敲办公楼大门，值勤人员习惯地向门外望去，门外静悄悄的，一个人也没有。他一回头，赵九章所长和钱骥主任正笑嘻嘻地望着他，原来他俩被反锁在办公楼的门厅里。

此刻的彼岸，美国航空和宇航资深科学家，钱学森的老师冯·卡门正盯着月亮发呆，他常去的咖啡馆的餐桌布上涂满了他写的横七竖八的计算公式。

几天后，赵九章向科学院提交了关于研制中国人造卫星的计划和组建研究机构的设想的报告，冯·卡门则向美国刚成立的宇航局提出了

钱骥访问欧州

205

钱骥与史丽君女士

人类登月的设想。

一个月后，毛泽东主席在中国共产党八大二次会议上，发出了"我们也要搞人造卫星"的号召。一年以后，美国国会通过了肯尼迪关于登月计划的提案。

在那热火朝天的日子里，钱骥协助赵九章拟定了我国最早的卫星发展计划，确定了"探空火箭—小卫星—大卫星"的三步骤方案。

1958年7月，中国科学院成立了"中国科学院581小组"。

1958年10月，钱骥随赵九章、杨嘉墀等人以科学院高空大气物理研究访问团的名义来到了苏联。通过70天的参观访问，代表团了解了苏联卫星研制的技术和经验。回国后，钱骥组织技术骨干对国外卫星和空间技术的发展和应用作了全面、细致的调查，并结合中国的实际情况，形成了我国对卫星与空间技术的系统性认识。史丽君回忆道："那些日子里，钱骥整天就是写呀写呀，我不能过问他的工作，也不知道他写些什么，只看见他在写。"

由于经济困难，卫星的研制计划被暂时搁置了。或许就在那些日子里，钱骥形成了一条清晰的思路，这个思路为我国卫星型号的发展和卫星工作的预研带来了极大的好处。

1965年5月31日，是中国卫星史上又一个重要的日子。这一天，中国科学院正式成立了中国卫星本体组、"581"组、轨道组、生物组和地面设备组。钱骥直接领导着第一颗卫星设计方案和卫星系列规划方案的工作。

在理论和技术上进行实际设计的激动人心的时刻已经来临。

短短10天，我国第一颗人造卫星"东方红一号"的初步方案奇迹般诞生了，具体包括红蓝铅笔画成的卫星外形图、结构布局图、卫星运行星下点轨迹图和主要技术参数及分系统组成表。

钱骥和赵九章带着设计方案一起来到了张劲夫的办公室，说："我们能够实现这项计划。"

院长钱骥

钱骥一家人

钱骥带着设计方案来到了周恩来总理的办公室，汇报完毕后说的还是那句话："我们能够实现这项计划。"周总理看着钱骥和卫星资料，想起了在原子弹和导弹事业上功绩卓著的钱三强和钱学森，笑着说："我们的卫星总设计师也是姓钱啊，看来，我们搞尖端技术，搞原子弹、导弹都离不开'钱'啊。"

"两弹一星"是一个优秀群体集成的事业，但从创业初期三位钱氏科学家特殊的作用和地位来看，这一事业也带有一定的传奇色彩。

不久，中国科学院卫星设计院成立，命名为"651"设计院。赵九章任院长，钱骥任副院长，直接领导实施我国第一颗卫星"东方红一号"方案和我国卫星系列规划方案的工作，并具体负责卫星整体技术工作。

战俘与特务

现在的小朋友，很少有人知道"文革"是怎么回事，因为你们的爸爸、妈妈那时也只有你们现在这么大，许多事情有待于你们长大以后去了解、去思索。在那个年月里，知识越多被认为越反动，学习越好便越有可能被打成"白专"典型。从国民党时期过来的工作人员被说成是国民党特务，从国外回来的人被说成是外国特务。钱骥和许多专家被当成了"特务"，不许参加工作，天天面临着审查，还有数不清的陪斗。钱骥变得沉默寡言，不敢与别人说话，生怕连累了人家。每当"闲"下

钱骥在"651"设计院

钱骥在旅顺

来的时候，钱骥就钻进资料室，了解美国、苏联、法国、日本等国家有关人造卫星的资料。资料室的小管理员问他："你的检查写好了吗？"钱骥看着天天给他提供方便的管理员说"写完了，够用好几天的。"天性老实的钱骥总是将机敏和幽默用在最需要的地方。作为卫星研制的"前"总设计师，他一直走在卫星研制工作的前沿，并未因个人的逆境而停止。

中国科学院和中国工程院两院院士闵桂荣在和钱骥一起工作的日子里，感受最深的是他的人格魅力。

钱骥被打成"特务"后，从卫星总设计师的位置上下来，这方面的工作一度由闵桂荣来接管。刚一接手，许多技术问题、规范问题、工作协调问题都离不开钱骥的支持，这些具体工作不是喊口号便能解决的。闵桂荣感慨地说："钱骥真是把所有的工作和经验毫无保留地交待给我，连一些细节也不放过。我有问题就请教，而他总是有很好的建议，生怕我们工作中出现问题。"

其实被撤职后，钱骥完全有理由找些托词搪塞。在这个问题面前，钱骥以自己光辉的人格作出了回答。而年轻的优秀科学家闵桂荣也是一位勇敢者。在那个年代里，敢向"特务"请教是需要有点勇气的。尽管我们的国家风云变幻，多灾多难，但我们的卫星事业却有幸遇上了这些伟大的科学家，遇上了这些诚实、勇敢的人。

1967年初，研制"东方红一号"的模样、初样、度样和正样四个阶段的工作已经铺开，阶段性的结构星、温控星的试验与改进正在进行，试样星的技术规划也在试验和探讨。钱骥等不及了，坐不住了，他忘了自己是个"特务"，居然要求参加只有少数中央领导才知道的绝密级工程。

这一令人瞠目的举动显示了钱

骥的纯真，感动了当时的军管组。这样，中国第一位卫星总设计师便重新开始工作了。跟以往不同的是，他成了一名普通的工作者。钱骥对此毫不计较，马上兴奋地投入到工作中去。

此时，美国的冯·卡门已经逝世。由他从德国监护所带回的蓬头青年战俘冯·布劳恩指挥着"阿波罗"飞船成功地进行了载人飞行试验。两年后，美国宇航员阿姆斯特朗在月球上留下了第一个人类的脚印，终结了世界上所有的美丽的月亮神话。人类的登月时代已经到来。

有人说，由战俘成为总设计师和由总设计师沦为普通技术人员这样一种差异，把中国和世界原来已经缩小的太空距离又拉大了。

几十年后，在一幢普通的住宅里，当看到钱骥夫人史丽君捧出的"两弹一星"功勋奖章时，我们欣慰地感到这种事再也不会发生了。

也正是有了这段近乎悲哀的历史，有了这份苦涩，我们的"两弹一星"才更有味道，才更能成为代表千千万万优秀科技工作者的国魂。"文革"使"两弹一星"事业受到了惨重的损失：赵九章被迫害致死，姚桐斌被活活打死，无数优秀的科技专家、青年科学家被戴上了"特务"、"学阀"的帽子。但是他们忍辱负重，义无反顾地扑在"两弹一星"事业上，他们用青春、血肉甚至生命铸成了这座不朽的丰碑。

"东方红一号"卫星上天了，被毛泽东主席请上天安门城楼的有功

钱骥与赵九章在一起

钱骥（左一）与同事们

人员中没有钱骥。此刻，钱骥正坐在他家的小阳台上，他那幸福的目光透过楼前的杨树梢，在天穹上搜寻着那熟悉的轨迹。繁星满天，无数的星星像万盏街灯，把深邃的夜空点缀得繁华无比。钱骥感到幸福的是：他的事业与星空如此接近。比起许多人，钱骥又是幸运的。1980年，邓小平登高疾呼"科学技术是第一生产力"，钱骥心头的阴霾，从此一扫而光。1986年，钱骥获得了国家科技进步奖特等奖。

一个安静、温和的人

"骥"，是千里驹。"钱骥"这一名字代表了他一生的追求与卓著的成就。钱骥遇荣不躁，遇辱不悲，位高不自贵，位低不自轻，一心扑在卫星事业上，正如白驹之过空谷，迅猛而执着。然而，妻子对他却有另一番评价："他会关心、体贴人，他是一个安静、温和的人。"

钱骥喜欢音乐，爱听贝多芬的交响曲，也喜欢舒伯特的浪漫曲。对钱骥来说，沉浸于热烈或愉悦的旋

钱骥访问德国

律中是一种享受。

钱骥热爱家庭。在50年代，每逢周末他就会和妻子带上小儿子来到颐和园。父子俩在昆明湖水中玩耍，史丽君则静静地坐在岸上，幸福地看着他们。

"文革"时期，像大多数善良家庭一样，钱骥夫妇叮嘱孩子不要出去，以免受那被扭曲了的时代的影响。他们给孩子买了许多半导体元器件、电视机的零部件，孩子找到了乐趣。当问及孩子对父亲的印象时，孩子不假思索地说："他会讲故事。"有这样的好父亲，孩子是幸福的。

钱骥认为和赵九章在一起工作也是一种享受。赵九章具有高瞻远瞩的魄力和敏锐的洞察力，善于把握科研攻关的方向。而钱骥那种在复杂因素中简化问题的思维方式，寻求最佳突破口的特殊本领和在环境与现实允许的条件下创造实现手段的异常能力也给人们留下了深刻的印象。两人配合默契，相得益彰。从探空火箭到"东方红一号"卫星、返回式卫星，他们倾注了全部的心血和智慧。

钱骥在担任中国空间技术研究院副院长后，还被选为中国空间科学学会副理事长。他提倡创新，并多次谈到：我们的空间科学技术需要有赵先生那种洞察力和热情，需要有他那样丰富的感染力和吸引力，因为我们正处在人类对太空的重大发现和发展的活跃期，时机稍纵即逝。

1983年8月28日，钱骥病逝了。在住院的日子里，他的床头上总堆放着世界宇航的资料和刊物。研究院里来人看望他时都会带上他要的资料。史丽君回忆说："在最后的日子里，钱骥自己心里十分清楚，可是家人还是瞒着他，只是有一件事我们不会瞒他，那就是他的工作。那些成功和顺利的进展给病中的钱骥带来极大的安慰。"

钱骥生前喜欢观看篮球比赛。到中国空间技术研究院后，人们常常可以看到钱骥在篮球场饶有兴致地观看年轻人打球。那时美国 NBA 职业篮球联赛还没有被介绍到中国来，青年人开玩笑说："钱院长，通信卫星上天后，能否先转播 NBA 联赛？""这就要看你们的了。"这时，在那黑边框眼镜的后面，老院长的眼睛又笑得眯成了一条缝。

在青年人手中灵活转动和翻滚的篮球，多像是一颗卫星呵！

这就是钱骥 —— 一位不朽的科学家的故事。

配合默契的搭当

古往今来，凡成就事业，对人类有所作为的，无不是脚踏实地艰苦攀登的结果。

钱三强

浙江湖州人。1913年生。中共党员。核物理学家。中国科学院院士。1936年毕业于清华大学物理系，后赴法国巴黎大学留学，获博士学位，1948年回国。历任清华大学物理系教授，北平研究院原子能研究所所长，中国科学院近代物理研究所（后改为原子能所）所长，第二机械工业部副部长，中国科学院副院长，中国物理学会理事长，中国核学会名誉理事长，中国科学院特约顾问。1992年逝世。

他在50年代领导建成了中国第一个重水型原子反应堆和第一台回旋加速器以及一批重要的仪器设备，为原子弹的研制工作奠定了基础。1960年在原子能所组织中子物理理论与实验两个研究组开展氢弹的预研工作，为研制氢弹作了理论准备。他是中国原子能事业的开拓者和奠基人之一。

铸中华强盛之剑

——核物理学家钱三强的故事

1964年10月16日，我国西部上空腾起第一朵紫色蘑菇云。在举国欢腾、世界震惊之后，仅仅相隔两年零八个月，蘑菇云再次腾空而起，我国第一颗氢弹爆炸成功了。作为世界上从原子弹到氢弹发展最快的国家，中国迈入了世界核大国的行列。

钱三强少年时期立下的强国志终于成为现实。他和中国的原子核科学家们用无可争辩的事实表明：外国人能够做到的，中国人也一定能做到，而且会做得更好！

梅花香自苦寒来。钱三强在事业上获得成功，为祖国作出突出的贡献，是与他特殊的经历以及勤学苦练、不断奋进的精神分不开的。

书香世家的熏陶

钱三强出生在浙江绍兴的一个大知识分子家庭。父亲钱玄同是我国近代著名的语言文字学家，也是北京大学著名教授。他接受了章太炎、秋瑾等革命党人的思想的影响，后来又与陈独秀、李大钊、胡适、刘

1991年钱三强
参加全国政协会议

215

1937年钱三强在北平研究所物理研究室

半农、沈尹默等一起，投入到"新文化"运动中，编辑进步刊物《新青年》。钱三强在这样的家庭环境中长大，接受了良好的教育，受到了进步思想的熏陶。

1919年，7岁的钱三强到蔡元培创办的北京大学子弟学校——孔德学校读书（孔德是一位法国哲学家的姓）。这所学校，可说是当时比较文明的学校，提倡教白话文，注意抓德、智、体、美育与劳动的全面发展。他一入学，父亲就给他订阅了由中华书局编辑出版的《小朋友》、《儿童世界》等课外读物。随着年龄的增长，钱三强又在父亲的引导下，阅读

《小说月报》《创造季刊》《语丝》等文艺期刊，以及《三国演义》、《水浒》和《呐喊》等古典与现代名著。

这些文艺作品和书籍丰富了钱三强的课外生活，开阔了钱三强的眼界，提高了钱三强的分析能力和写作能力。

1929年的一天，他读到了孙中山先生的《建国方略》，读后立刻被书中描绘的未来中国的"蓝图"所吸引：那东方、南方和北方的大港口，那以兰州为中心的几大铁路干线……

祖国前所未有的新面貌，使他深受鼓舞。然而，当他掩卷一想，要使中国富强，需要付出多大的努力啊!他朦胧地感到，自己有责任响应孙先生的主张，使国家走向富强。于是，钱三强就立下志愿，报考南洋大学（即今上海交通大学）学习电机工程，报效祖国。

钱玄同教授是"新文化"人，对孩子的教育采用启发、引导的方式，放手让孩子在学习实验中发展他自己的兴趣、爱好。他常以新思想教育自己的孩子，要求孩子认真学好科学文化知识和外语，并积极锻炼身体。他说："你们将来学什么，我不包办，由你们自己去选择。但是，一个人应该有科学头脑，对于一切事

物应该用自己的理智去分析，研究其真相，判断其是非、对错，然后决定取舍。"他还说："阅读古书，要用历史的眼光去分析，这样，才能弄明白社会制度的由来和文化的变迁，才能对于社会满怀改革的热忱。时代总是要前进的，你们学了知识技能，就要为改造社会服务。"父亲这些循循善诱、鼓励上进的教诲，对三强未来的学习和生活道路产生了深刻的影响。

1930年，由于南洋大学用的是英文课本，而钱三强在孔德学校学的是法文，就先考进了北京大学理科预科，想待适应英文后再考南洋

1947年同何泽慧婚后于巴黎英东住所前

大学。但是，当时的原子核科学作为一门新兴科学，充满了神秘而诱人的色彩。有着极强想像力和创造欲的钱三强便对核科学产生了兴趣，于是改变初衷，于1932年考入清华大学物理系。4年的大学生活很快就要结束了，这时从法国巴黎传来了约里奥－居里夫妇由于发现人工放射性而获得1935年诺贝尔化学奖的消息，这更加坚定了钱三强学习原子核科学的信心。1936年，钱三强从清华大学毕业，系主任吴有训教授把他推荐给北平研究院物理研究所严济慈所长，任助理员，从事分子光谱方面的研究。1937年上半年，钱三强在严济慈所长的鼓励下，考取了巴黎大学居里实验室留学名额，指导他学习和研究工作的导师，正是发现人工放射性的约里奥－居里夫妇。

对于刚迈出学校大门的钱三强来说，这该是多么幸运的事啊！然而，就在他即将赴法之际，卢沟桥事变爆发，日本侵略者再次将战火燃烧到苦难的中国，广大的民众又处在水深火热之中。这时，热爱祖国的钱玄同教授由于忧心国事而病倒了。一时间，国患家难临头使他不忍在此时出国离家。知儿者莫如父母。父亲看出了三强的心思，强忍着病体

的痛苦和离别的忧愁对他说："这次出国是极难得的机会,你学的东西将来对国家是有用的。报效祖国,造福社会,路程远得很哩!男儿之志,不能只顾近忧啊!"钱三强擦干了眼泪,告别了亲人,于1937年夏秋之交到达巴黎,开始了在约里奥－居里夫妇直接指导下的科学生涯。

"三强"这名字改得好

钱三强入孔德学校时,用的并不是"三强"这个名字,而是"秉穹"。那么,"三强"的名字又是怎么来的呢?这里面还有段有趣的插曲呢!

原来,在孔德学校他与同班两位同学友谊很深,三人中秉穹年龄最小,个头最矮,但身体强壮;年龄最大的那位同学叫李志中,生性活泼、幽默,爱好文学和写作,但身体瘦弱,常戏称自己为"大弱",而称秉穹为"三强"。有一次,李志中给秉穹写信,用了这样的称呼,这封信让父亲看到了,他便风趣地问:"这信中所说的'大弱'、'三强'是谁呀?"三强不好意思地回答:"我的同班同学李志中,他比我年龄大,身

钱三强(左七)与胡济民(左一)、梅镇岳(左二)、胡宁(左三)、彭桓武(左四)、周培源(左五)、何泽慧(左六)、吴大猷(左八)在剑桥大学出席国际基本粒子会议合影

1948年乘船回国途中，钱三强抱着不满周岁的大女儿祖玄在甲板上

体较弱，所以自称'大弱'；'三强'是志中对我的称呼，因为我身体强壮，故称为'三强'。"三强的确是一位身强体壮的运动员。他刚入初中时年方13岁，就成了班上"山猫"篮球队的队员，篮球打得相当漂亮。1928年冬天，北京举办中学生乒乓球赛时，钱三强获得男子单打第4名。

钱玄同听到三强的解释后，当即表示赞成。他说："我看'三强'这名字不错，还可以解释为立志争取德育、智育、体育都进步。"三强高兴地点点头。

此后，"钱秉穹"就改名为"钱三强"了。

核科学殿堂显才华

1937年夏，钱三强怀着科学强国的宏愿，经过一个多月的航行，抵达法国首都巴黎。当时，北平研究院物理研究所严济慈所长已经先到巴黎出席国际文化合作会议。严所长亲自把钱三强介绍给伊伦·居里教授（著名的玛丽·居里夫人的女儿）。钱三强的博士论文被安排在巴黎大学镭学研究所居里实验室和法兰西学院原子核化学实验室同时进行，由两个实验室的主持人伊伦·居里和弗莱德里克·约里奥（伊伦·居里的丈夫，后习惯称他们为约里奥－居里夫妇）共同负责指导。

钱三强非常珍惜这种机遇和信任，抓紧一切机会向两位导师求教。他勤奋好学，诚实开朗，乐于助人，很快就赢得人们的好评，学习和研究工作进展迅速。

首先，他与约里奥合作，于1938年用中子做炮弹轰击铀和钍两种放射性元素的原子核，结果得到了放射性元素镧的同位素。这从理论和实验上正确解释和论证了当时发现不久的原子核裂变现象，为人类敲开原子核的大门做出了应有的

1952年7月于平壤参加反细菌战国际科学调查委员会在朝鲜住所前

贡献。后来，他还首先从理论和实验上确定了5万电子伏特以下的中低能电子射程与能量的关系。

1939年初，伊伦要求钱三强在自己的实验室设计一个新的有效时间更长的云室，作为他博士论文的一部分。很快，新的云室便设计完成。这时，伊伦亲自做放射源，她用化学方法提炼了铀和钍受中子打击后所形成的两个放射源。随后，钱三强用自己设计制作的云室观察和测量射线的能谱，证明了铀和钍用不同的方式发生原子核裂变后，可以得到同样的裂变产物。这一年，伊伦与钱三强共同发表了《在铀和钍中产生的稀土族放射同位素的放射性比较》的研究论文。这项研究成果，对刚发现的核裂变现象在理论上是个有力的支持。20世纪40年代初，钱

三强还用云室仔细研究了中低能电子的射程与能量的关系，得出了对实验工作有重要参考价值的电子射程与能量关系曲线，并验证了带电粒子物质相互作用的理论。

钱三强与何泽慧博士（两人原是清华大学物理系同学）于1946年在巴黎结婚后，开始了共同的科学生涯。这一时期，钱三强除了与G.布依西爱等人合作，首次测出镁的α射线的精确结果外，还领导一个由何泽慧和两名法国青年组成的研究小组，主要进行铀原子核裂变研究实验。他们通过反复实验和上万次的观察，惊奇地发现铀核裂变时不仅分裂成两块碎片，还会分裂成三块或四块碎片。这为进一步研究核变和开发利用核能提供了重要的依据。约里奥对这一研究成果给予高度评价，认为这是第二次世界大战后在核能研究上取得的一项有重要意义的成果。在人类敲开原子王国大门这项划时代的"工程"中，钱三强和夫人何泽慧可说是中华民族参与这项研究工作，并做出重要贡献的杰出代表。

从1937年到1948年，钱三强在法国从事学习和研究工作已经11年了。在此期间，他共发表研究论文40余篇。他以杰出的研究成果，登上了

世界核科学的高峰。1940年，钱三强获得法国国家博士学位；1944年被聘为法国国家科学研究中心研究员，1947年晋升为法国国家科学研究中心研究生导师。

钱三强作为中国留学生，能在法国晋升为研究生导师，并获得科学奖，这充分显示了他的非凡才华。正如约里奥－居里夫妇共同签署的对他工作和品格的评语所指出的那样："钱先生与我们共事期间，证实了他那早已显露的研究人员的特殊品格。他的著述目录已经很长，其中有些具有头等的重要性。他对科学满腔热忱，并且聪慧有创见。10年期间，在那些到我们实验室并由我们指导工作的同时代人当中，他最为优异。我们这样说，并非言过其实。在法兰西学院，我们俩人曾多次委托他领导多名研究人员。这项艰难的任务，他完成得很出色，从而赢得了他的那些法国及其他国家学生们的尊敬和爱戴……钱先生还是位优秀的组织工作者，在精神、科学与技术方面，他具备研究机构领导者所应有的各种品德。"由于钱三强在法国取得丰硕的科学成就，并获得知名导师的高度评价和信任，当时周围的人都认为他们夫妇会长期在居里实验室工作下去。然而，钱三强夫

1958年8月22日周恩来总理和陈毅、贺龙副总理陪同西哈努克亲王参观中国科学院原子能研究所（左一为钱三强）

钱三强和何泽慧在共同讨论
和撰写《原子能发现史话》一文

妇有着共同的想法：虽然科学没有国界，科学家却是有祖国的。祖国再穷，也是自己的，而且正因为她贫穷落后，才需要科学家去改变她的面貌。

1948年初夏，钱三强夫妇向约里奥－居里夫妇郑重提出回国要求。居里夫妇自然舍不得他们走，但听了他们诚挚的陈述后，深深为他们的爱国情怀所感动，对他们的决定表示理解和赞成。这样，钱三强夫妇

挥泪与恩师告别，带着伊伦·居里"为科学服务，科学为人民服务"的临别赠言，于1948年回到了久别的祖国。

回到祖国的怀抱

1937年怀着忧虑、惆怅心情出国的钱三强，没想到回国后没多久，便迎来了北平和平解放的礼炮声。古老的京城，犹如春雷乍响，曙光初照，开始了生机勃勃的新生。钱三强、何泽慧和市民们一起涌上热闹的街头，欢迎解放大军的到来。钱三强此时更是激动不已，心头升腾起一种强烈的预感，一个崭新的中国将要出现了，科学家将有为国效力的用武之地了。

1949年3月，解放军进城还不到两个月，钱三强便收到了一份通知，

1959年朱德同志参观
中国科学院原子能研究所
反应堆（左三为钱三强）

1959 年钱三强与孩子们在颐和园

请他参加新中国代表团，去法国巴黎出席保卫世界和平大会。

钱三强像赤子回到母亲怀抱那样，感到了祖国的温暖，也为新中国对科学技术的重视而高兴。同时，他也很兴奋，因为这次又可以去巴黎，与老师约里奥－居里见面了。就在这时，他忽然联想到如果请老师帮助订些我国原子核科学研究所必须的仪器设备和图书资料，躲开当时西方国家对我国的经济封锁运回来，不正是极好的机会吗？于是，他抱着试试看的心情，把自己的想法向一位组团的联系人提了出来，并说约需要经费20万美元。

过了几天，钱三强突然接到一个电话，要他立即去中南海。到中南海后，中央负责同志热情地接待了他，并说："钱三强同志，你的那个购买仪器设备的建议，中央研究过了，认为很好。"接着，又笑着说："估计一次用不了你提出的全部款项，因此先拨出5万美元供使用。"

不久，当钱三强拿到那笔新中国首次用于发展原子核科学的美元现钞时，心潮起伏，感慨万千。他想，当时全国还没有完全解放，百业待兴，许多地方需要用钱，但中央却拿出一笔不小的在战乱中保存的经费，并把它交给一位普通的科学工作者，若不是亲自经历，实在让人难以置信；同时，也足以说明国家对科学的重视和对科学人员的信任。

后来，用这笔款购买的仪器设

223

1978年钱三强（左一）在阿达姆斯总主任陪同下参观欧洲核子研究中心

备和图书资料确实发挥了重要作用。例如，当我国研制原子弹的工程启动后，参与攻关的第一批科研人员所翻印的启蒙教科书，就是钱三强从国外购回的。

更令钱三强兴奋的是，中央人民政府于1949年10月1日成立后的一个月，中国科学院便宣告成立，中国科技人员盼望的科学的春天，终于来临了。当时，中央领导对科学事业非常重视。周恩来总理还特别作出指示，要求全力发展新兴科学，如原子核科学、实验生物学等。

接着，我国第一个原子核科学研究机构——中国科学院近代物理研究所（后改名为原子能研究所）宣告成立了。它是在原北平研究院原子学研究所和南京中央研究院物理研究所核物理部分的基础上建立的，由吴有训任所长，钱三强任副所长。一年之后，钱三强替代卸任的吴有训任所长，王淦昌、彭桓武任副所长，开展了实验原子核物理、放射化学和电子学等方面的研究，成为我国原子核研究与发展的中心，也为后来研制原子弹、氢弹创造了有利的条件。

拿出自己的原子弹

1955年1月14日，原子能专家钱三强和地质学家李四光被同时请到周恩来总理的办公室。周总理先请李四光讲了我国铀资源勘探情况，接着又请钱三强介绍我国目前原子核科学技术的研究状况。周总理仔细地倾听着他们的介绍，并不时地询问有关原子反应堆、原子弹的基本原理，以及发展这项事业的必要条件等问题，然后告诉他们说："明天毛主席和中央其他领导要听取这方面的情况，你们做点准备，简明扼要。"这两位科学家被眼前的情况感动了，全身像注入了一股暖流。他们想，中央领导那么忙，还这样关心和重视科学事业的发展，实在是中国科学家的幸运和幸福。

第二天，钱三强和李四光按时到达中南海的一间办公室，里面已围坐着毛泽东、刘少奇、周恩来、朱德、陈云、邓小平和聂荣臻等许多熟悉的领导人。这是一次专门研究发展我国原子能的中共中央书记处扩大会议。毛主席亲自主持会议，开宗明义地说："今天，我们这些人当小学生，就原子能有关问题，请你们来上一课。"

李四光首先解说了铀矿资源与发展原子能的密切关系，并说我国已发现了一些新的铀矿资源。接着，钱三强汇报了世界一些主要国家发

1988年6月1日钱三强与少年儿童在一起

1989年钱三强携外孙女、外孙参观少年科技展览

展原子能的概况和我国近几年做的工作。他还把自己制造的新型计数器放在会议桌上，把铀矿石装在衣袋里，然后从桌旁走过，计数器便立即发出嘎、嘎、嘎的响声，这时全场都高兴地笑了起来。

毛泽东主席点燃一支烟，边吸边总结说："我们国家现在已知道有铀矿，科学研究也有了一定的基础，创造了一定的条件。这件事现在到该抓的时候了。现在苏联对我们进行援助，我们一定要搞好。我们自己干，也一定能干好！我们只要有人，又有资源，什么奇迹都可以创造出来。"接着，毛泽东主席又谈笑风生地与钱三强交谈了有关原子核构造和基本粒子等许多问题。钱三强对毛泽东主席的博学十分佩服，不禁连连点头。

这次会议后，党和国家对大力发展原子能事业下了最大的决心。周总理还及时提醒钱三强等科学家，要注意做好宣传工作，特别是向各级领导做宣传。随后，便由钱三强牵头，将北京各部门的有关专家组成原子能科学技术宣讲团，到各地进行科学普及讲座，并编写出版了《原子能通俗讲话》的小册子，在全国发行 25 万余份，为后来的原子核科学的研究和攻关打下了坚实的群众基础。

20 世纪 50 年代末和 60 年代初，天灾人祸一起向神州大地袭来，全国各地建设事业受到了很大的冲击，我国的原子能事业也经受着严峻的考验。

这时"苏联老大哥"已开始变脸。他们于 1959 年 6 月拒绝提供原子弹数学模型和有关资料，随后又单方面撕毁两国签订的协定，撤走全部专家，甚至连一张纸片都不留下。这些"洋大人"狂妄地认为，中国离开外界的帮助，20 年也搞不出原子弹。

此时此刻，肩负原子能科学研

与何泽慧携外孙女在北京中山公园

究重任的钱三强心中实在不是滋味，因为他十分清楚原子能事业面临的巨大困难。在这种情况下，他想到了毛主席不久前对一个有关原子能研究方面的报告的批示："尊重苏联同志，刻苦虚心学习。但又一定要破除迷信，打倒贾桂，贾桂是谁也看不起的。"这里所说的贾桂，是指京剧《法门寺》中那个卑躬屈膝的人物，别人让他坐，他说站惯了，一副十足的奴才相。想到这些，他更坚定了信心。

随后，毛泽东主席再次发出号召："自己动手，从头做起，准备用 8 年时间，拿出自己的原子弹!"这一号召激励着人们用自力更生的精神发展原子核科学事业。

接着，在周总理的直接领导和指挥下，钱三强作为一员主将，又精神抖擞地投入到发展核科学的伟大事业中去。

在钱三强的有力组织下，我国第一颗原子弹工程即"596"工程的研究机构，得到了加强。他从中国科学院和高等院校调集了一批优秀的科学家来充实研究队伍，承担起各个环节的攻坚任务。例如，有一种研制中需用的扩散分离膜，是浓缩铀（核燃料）生产中最关键的部分，前苏联人从不让我国科学家接近，即使是到他们那儿参观学习，也只能

知人善任的钱三强

站得远远地望一眼，搞得很神秘。后来，由钱三强组织包括原子能研究所在内的各方面力量，承担了这项研制任务。经过4年的艰苦努力，终于攻破难关，研制出符合要求的扩散分离膜，并开始生产，从而使我国成为继美国、前苏联、法国之后，第四个能制造这种产品的国家。

1990年6月出席北京"六一"幼儿园45周年园庆

与此同时，"596"工程中重要部分的研究都在一环扣一环有秩序地进展着。如著名科学家邓稼先、周光召等参与和承担了原子弹研究的理论设计；中国科学院计算技术研究所成功地研制了我国第一台大型通用电子计算机，承担了原子弹设计研制中的计算工作。此外，在进行原子弹研究的过程中，于敏、黄祖洽等科学家开展了氢弹原理的预先研究工作，后来又集中了30多位研究专家，专门进行氢弹的研制和试验及关键环节的攻关。原子弹研制成功不久，氢弹就接着出世了。中国人创造了从原子弹到氢弹研制时间最短的奇迹。

在这"两弹"的研制过程中，钱三强不仅以身作则投入到紧张的研究工作中去，而且发挥了出色的组织才能，保证了"596"工程的顺利进行。这正好印证了约里奥－居里夫妇曾对他所作的评价："钱三强还是位优秀的组织工作者，具备研究机构的领导者所应有的各种品德。"

钱三强于1992年逝世。他光辉的一生与中国原子核科学事业紧密相联。他为这项事业的创立、发展和"两弹"的研制做出了重要的贡献。他的功勋将永远辉耀在华夏科学的史册上。

钱三强在漓江

全世界正在进入一场新的产业革命：科技经济革命。我们要迎头赶上，不能再落后了！

钱学森

浙江杭州人。1911年生。中共党员。空气动力学家。中国科学院院士，中国工程院院士。1934年毕业于上海交通大学。1935年赴美国麻省理工学院留学，1939年获航空、数学博士学位。1955年回国。历任中国科学院力学所所长，国防部第五研究院院长，第七机械工业部副部长，国防科委副主任，国防科工委科技委副主任，第三届中国科协主席，第六届至第八届全国政协副主席，中共第九届至第十二届中央候补委员。1991年被国务院、中央军委授予"国家杰出贡献科学家"荣誉称号和一级英模奖章。现任中国人民解放军总装备部科技委高级顾问，中国科学技术协会名誉主席。

他于1956年撰写的《建立我国国防工业意见书》，最先为中国的火箭导弹技术的发展提出了极为重要的实施方案。他长期担任我国火箭导弹和航天器研制的技术领导职务，并以他在总体、动力、制导、气动力、结构、材料、计算机、质量控制和科技管理等领域的丰富知识，为中国火箭导弹和航天事业的创建与发展做出了杰出的贡献。

可上九天揽月

—— 空气动力学家钱学森的故事

被世人誉为"中国航天之父"、"导弹之王"的伟大科学家钱学森，今年已经89岁了。在他将近一个世纪的人生旅程中，经历了无数的坎坷与磨难，也创造了许多震惊中外的奇迹。他自幼萌发的爱国心、强国志，一直伴随着他，激励着他。让他战胜了各种艰难险阻，取得了一个个辉煌的业绩。

在钱老的人生长河中，镶嵌着一颗颗像宝石一样晶莹闪光的故事，让我们解读这些故事，去感悟他那瑰丽多彩的伟大人生吧。

飞镖里的"秘密"

1917年，钱学森还不满6周岁。

80年代的钱学森

231

1935年在上海将要赴美留学时

可是，按照中国民间的传统习俗，他已是七虚岁了。父亲钱均夫把他送到北京师范大学附属小学读书。在班里，他的年龄最小，个头也最矮，坐在第一排。小小年纪的钱学森，牢记着父亲在送他上学前为他立下的家训——"学习知识，贡献社会"。他听起课来特别认真。他尊敬老师，遵守纪律，是班里公认的优等生。

钱学森与其他同龄孩子一样，活泼好动，爱做各种游戏，特别喜欢掷飞镖。

飞镖是用硬一点儿的废纸折成的。头部尖尖的，有一对向后掠去的翅膀，飞起来像燕子。飞镖人人会做，但不一定都能飞得好。有的同学的飞镖刚刚掷出去就扎在地下，还有的绕圈子向后飞。只有钱学森折

的飞镖飞得最远，像一支利箭直插目标。

"这是怎么回事呀？"一些大个子学生不服气，一次又一次地比赛，一次又一次地输了。他们嚷嚷着说，钱学森的飞镖有鬼。于是，他们把他的飞镖捡来，拆开，直到平平整整地变成一张纸。尽管里边什么"鬼"也找不到，可他们依然咬定钱学森的飞镖有"鬼"。这件事被自然课老师发现了。老师走过来，把钱学森的飞镖复原，又让钱学森掷了一次，飞镖果然飞得又远又稳，老师笑着把同学们叫到身旁，指着钱学森的飞镖

1938年在加州理工学院

说："你们都看到了，飞镖本身没有什么'鬼'，但是，这里的确有'秘密'，现在就让钱学森同学给大家讲讲吧！"

钱学森用很低的声音说："我的飞镖真的没有什么秘密。我开始折的飞镖也飞不好。后来，我仔细琢磨，反复折，飞镖终于飞得又稳又远了。我发现应该用比较光滑的纸折飞镖，飞镖的头要适中，不能太重，重了就会往下扎；轻了就会往上飞，然后就掉下来。翅膀太小了就飞不平稳，太大了就飞不远，爱兜圈子。"

"说得好极了！"老师高兴地说。"小小飞镖，里面有科学。钱学森同学通过动脑筋，摸索出飞镖的科学折叠方法，主要有两条：一是要保持平衡，二是减少阻力，并巧妙地借助风力和浮力。这样，飞镖就能飞得又远又稳。大家说对不对呀？"

"对！"学生们齐声回答。

老师望着钱学森，心中想到：这个小家伙既聪明又善于思考。将来，他也许会成为一个很有作为的科学家……

"你现在在学术上已经超过了我"

1935年夏末，钱学森告别了疼

1947年，回国探亲后返美时在上海机场

爱他的父母，告别了多灾多难的祖国，从上海乘"杰克逊总统号"邮轮，前往美国。

到了美国麻省理工学院（MIT）航空系，钱学森这才发现，他的母校上海交通大学完全是按照当时的麻省理工学院的模式办的，连教学和实验大纲都一样。所以钱学森对这里的学习环境一点儿也不感到生疏，学习起来游刃有余。但生活上他却有些不习惯，特别是某些美国人瞧不起中国人的傲慢态度令他生气。一次，一个美国学生当着他的面耻笑中国人抽鸦片、裹脚、愚昧无知，

1955 年，启程返回祖国时在洛杉矶码头

钱学森立即向他挑战说："我们中国作为一个国家，是比你们美国落后；但作为个人，你们谁敢和我比，到学期末了，看谁的成绩好？"美国人听了都伸舌头，再也不敢小看中国人了。钱学森怀着这样一颗强烈的民族自尊心，只用一年时间就拿下了航空硕士学位。

他的成绩不但比美国学生好，还比同班的其他外国人都好。有一次，一位教授出了一道很复杂的动力学题，大家都做不出来。一位中国学生叶玄请教钱学森，他做了一个巧妙的转换，便将这一复杂运算变成了一个简单的代数问题，这样便迎刃而解了。叶玄后来留在美国做科研工作，是台湾中央研究院的外籍院士。1989 年叶玄先生到中国访问，再次见到钱学森，便问他当时怎么想得那么巧："这么复杂的运算，到您手里就变得那么简单了？"钱学森淡然一笑说："那算不得什么，小技巧而已。”另一次，有位教授出了一份很难的考卷，全班大部分人不及格，这在学生中引起了很大的不满，大家认为这样的考试对他们是不公平的，教授在有意使他们难堪。经过一番讨论和酝酿，一些学生决定去找教授说理。钱学森静静地坐在一旁，对他们的七嘴八舌不屑一顾。当学生们来到教授办公室门口时，却发现钱学森的试卷贴在门上。卷面写得工工整整，每一道题都完成了，而且没有任何错误，甚至没有任何圈改和涂抹的痕迹！前来评理的学生一下子泄了气，不敢再去找教授了。首战告捷，使得初出国门的年轻学子钱学森感到欣慰，他更为自己作为一名中国人感到自豪。

钱学森选修了航空系的6门课程。这里灵活的教学方法和宽松的学习环境，都引起了他极大的兴趣。他如饥似渴地学习，在课堂上聚精会神，认真听讲；课余，博览群书，触类旁通。一年以后，还不到25岁的钱学森获取了麻省理工学院飞机机械工程的硕士学位。

根据学院的办学宗旨，各专业学科的学生都要在学期内到对口的工厂、科研部门实习。钱学森应该去飞机制造厂实习，可是，他万万没想到，美国的飞机制造厂只准许美国学生去实习，不接纳外国学生。这种民族歧视是钱学森在美国遭受的一次沉重打击。

挫折和困难并没有动摇他为祖国强盛而发愤学习的决心。既然学习飞机机械工程走不通，他决定改学航空理论，并大胆地毛遂自荐，投奔在加州理工学院任教的世界航空理论权威冯·卡门教授。

钱学森很幸运。冯·卡门教授看了他的自荐信，同他谈了话。这位以学风严谨著称的教授，竟破天荒地答应他到加州理工学院来深造的要求。

50年代，在中国科学院力学所办公室

冯·卡门教授辞行。老人的心情十分激动，他望着自己的得意门生深情地说：

"钱，我为你骄傲。你创立的工程控制论学说，对现代科学事业的发展，做出了巨大的贡献。孩子，你现在在学术上已经超过了我！"

这是一位科学巨擘说的话。在此之前，他不曾对任何一个学生做出这样的评价。

钱学森握着恩师的手，久久说不出话来。他在美国奋斗了20年，得到这样的评价，他感到光荣，感到自豪。

钱学森与夫人蒋英

在这里，钱学森的人生旅程发生了根本性的转折；在这里，他自由驰骋了整整十年之久，在空气动力学研究和航空技术方面取得了巨大成就。1945年，钱学森升为副教授。1946年，在麻省理工学院任教授。1947年2月，钱学森刚满36岁，便成为麻省理工学院最年轻的终身教授。他在38岁时，已经成为世界公认的流体力学研究的开路人之一，卓越的空气动力学家，现代航空科学与火箭技术的先驱和创始人之一。

钱学森回国前，携带一家人向

"我有权要给谁就给谁"

钱学森有一位好父亲。上学前，父亲教导他"学习知识，贡献社会"；上学后，父亲带他去游岳飞庙，教他向岳飞学习。来到美国后，父亲的教诲萦绕在钱学森的脑际，成为他发奋学习的强大动力。

1949年10月1日，中华人民共和国宣告成立的消息，迅速传到世界各地，在大洋彼岸的中国留美学生中引起很大震动。钱学森和许多朋友一样，开始思考回国的事。不久，父亲来信了。老人在信中表达了盼儿回归，为新中国效力的心愿。这使钱学森回国的心情更加迫切了。

天有不测风云。就在钱学森准备回国的时候，美国政府内的反共、反民主势力掀起了迫害民主和进步人士的狂潮，钱学森也成了被迫害的对象。当局说他是美国共产党员，多次对他进行盘问，这使钱学森大为恼火，他下决心提前回国，买了1950年8月15日的机票，还办理了行李托运。谁知风浪骤起，当局又以钱学森的行李中装有美国军事技术方面的"机密材料"为由将他拘捕入狱，在狱中对他进行惨无人道的肉体摧残和精神折磨。钱学森坚贞不屈，英勇抗争，在妻子和朋友的救助下，15天后得以保释出狱。但是，他并没有获得自由，他被软禁了。当局不准他离开洛杉矶，每个月要到移民局报到一次，并且要随时接受传讯。

这是1950年11月15日的一次传讯。

钱学森与聂荣臻元帅和同事们在工作现场

钱学森受到周恩来总理的接见

在一间狭小的房间里，挤满了新闻记者和移民局的工作人员。检查官古希奥是一名老奸巨猾的反共分子。他问道：

"你要回中国有什么目的？"

"我再重复说一遍，因为我是大唐的后代，我的根在中国，中国是生我养我的土地，我只图报答她。"钱学森回答。

"你认为你应该为谁效忠？"

"我应该忠于中国人民。"

"谁是中国人民？"

"四亿五千万中国人民。"

"四亿五千万住在共产党中国的人民吗？"

"他们之中大部分住在那里。"

"你认为你应该忠于中国的国民政府吗？"

"如果他们在治理中国，如果他们在做有益于人民的事，那么应该忠于他们。"

"你觉得国民政府是这样吗？"

"这一点——我还要等着瞧。"

"这一点，你心里对他们还不能确定吗？"

"他们以前做的事不很好。"

"那么，现在共产党的中国政府正在对中国人民干着好事吗？"

"我没有消息。"

"你说你没有消息，但你为何又要去那里？"

"是的，如果我到了那里，那么，我将对阁下所要问的问题进行了解。"

"你打算带所有的资料 —— 关于航空和喷射推进的文字资料 —— 去干什么？"

"这是我知识的一部分，它是属于我的。"

"你打算怎样使用这些知识？"

"将它放在我的心里。"

"你打算将它用到中国——共产党中国去吗？"

"这是属于我的财产，我有权要

1965年5月刘少奇在中国火箭技术研究院听取钱学森汇报

给谁就给谁。"

"假如美国和红色中国之间发生冲突，你会为美国对红色中国作战吗？"

"我不能答复这个问题，因为指控者所描述的局势并未发生。"

"一旦战争爆发，你究竟能否为美国向红色中国作战？"

钱学森与同事们在基地

1973 年，在赴基地的飞机上

"我未曾考虑这个问题。"

"你是否还要先作出决定，决定这场战争是否有益于中国人民吗？"

"是的，我要作这样的决定。"

"你不准许美国政府替你作出这样的决定吗？"

"不，当然不。"

"为什么你不肯听从于美国政府？"

"因为家父曾经嘱托于我'天听自我民听，天视自我民视'。"

"这是什么意思？"

"意思是说，人民大众喜欢听什么我就说什么，人民大众喜欢看什么我就做什么。家父从未谈起什么都要听美国人的。所以，绝不能是美国当局要我做什么，我便做什么。"

"……"

至此，古希奥再也提不出什么问题。这个反共老手，被钱学森那不软不硬的话噎得喘不过气来，只好沮丧地摆摆手，宣布这次传讯结束。

1955 年 8 月，钱学森经过 5 年的奋争，终于获准离美回国。

钱学森"失踪"之谜

钱学森回国后，根据国家的需要，开始了中国火箭的研制工作。他的工作和行动高度保密，连他的妻子蒋英都不能知道。

1960 年夏季的一天，已经过了吃午饭的时间，还不见钱学森回家。妻子蒋英便和两个孩子先吃饭了，因为钱学森工作起来废寝忘食的事情是常有的。可是今天钱学森一直没有回来。蒋英便向第五研究院

241

打电话问情况，回答是："他可能是出差了!"到哪儿去?多长时间?都不知道。

蒋英想，什么事情这么急，连招呼都不打就走了!她转念一想，也许他到了目的地会来电话的。

于是她等呀盼呀，一个月过去了，没有钱学森的音信，又一个月过去了，依然音信杳然。眼看酷暑已尽，秋风萧瑟，还是不见钱学森的踪影。蒋英真的害怕了。在当时那样的国际国内环境下，她担心会有什么意外发生。

此时，钱学森正在戈壁荒漠之上，紧张地进行着"东风一号"近程导弹的发射准备工作。这颗导弹是在钱学森的领导下，技术人员和工人奋战了700多个日夜研制成功的。现在，它已经矗立在发射架上，等待着发射指令。

1960年11月5日上午9时零1分28秒，现场指挥员庄严地下达了"一分钟准备"的命令。当倒计时器上闪现出"0"的字样时，只听指挥员果断地喊道："点火!"

顿时，沉睡的戈壁滩上爆发出一声春雷，大地颤抖，火光冲天，我国自行研制的第一颗导弹"东风一号"挟着狂风雷电，拔地而起，扶摇直上，呼啸着向550公里以外的目标飞去。9时10分5秒，从溅落区传来报告：

"'东风一号'精确命中目标!"

此刻，整个试验场响起了震耳的欢呼声。人们向高空抛起了帽子、毛巾、衣服，人们敲起了锣鼓、脸盆、铁锹……钱学森和到现场观察导弹发射的元帅、将军们热烈拥抱。人们眼中流着喜悦的泪水，互相祝贺。

此后，钱学森又有多次"失踪"，每次"失踪"总是给祖国人民带来惊喜。

1975年在西柏坡

1991年10月，在国务院、中央军委授勋仪式上，与江泽民总书记、杨尚昆主席在一起

　　1966年10月27日上午11时，钱学森协助聂荣臻元帅，组织实施了"两弹结合"——即用"东风二号"导弹装载核弹头的飞行试验，结果一次发射成功。这使我国拥有了战略核武器，成为世界上为数不多的核大国之一。

　　1970年1月30日，钱学森在酒泉发射基地，用他领导下研制的"长征一号"两级火箭，成功地将我国第一颗人造地球卫星"东方红一号"发射到太空，使我国成为继美、苏、法、日之后第五个能够发射人造卫星的国家。

　　1980年5月15日，年近古稀的钱学森协助张爱萍将军组织指挥了我国第一颗洲际导弹的发射工作，获得圆满成功。从此，"中国导弹之父"的称号，在世界上到处传诵。

他荣获共和国最高奖励

　　1991年10月16日，这是一个普

通的日子。再过55天钱学森就满80周岁了。就在这一天,北京人民大会堂会议厅,正在举行一个特殊的授奖仪式。

二百多个座位的会议厅,坐满了在京的党和国家、军队的主要领导人,全国政协、国务院有关部委、军委各总部、各军兵种的负责人,以及严济慈、钱三强、王淦昌、王大珩等许多著名科学家。

授奖仪式开始时,中央军委副主席刘华清代表国务院、中央军委宣读了由江泽民、李鹏签署的命令。

在经久不息的掌声中,国家主席杨尚昆把"国家杰出贡献科学家"荣誉证书和一级英雄模范奖章授予钱学森。钱学森深情地接过证书和奖章,杨尚昆微笑着同钱学森握手,并说:"来,把奖章戴上吧!"说着,杨尚昆将金光灿灿的奖章,端端正正戴在钱学森的胸前。满面春风的钱学森同江泽民总书记以及到会的党和国家领导人一一握手,会场上的掌声更加热烈了。

1991年,在国务院、中央军委授勋仪式上接受来自母校的祝贺

接着，中共中央总书记、中央军委主席江泽民发表了热情洋溢的讲话。他说道：

"钱学森同志获得'国家杰出贡献科学家'荣誉称号，是当之无愧的。"

"钱学森同志是我国杰出的科学家，在国内外享有很高的声誉。他在技术科学的许多领域作出了卓越的贡献。特别是在老一辈无产阶级革命家的领导下，钱学森同志以他渊博的知识和对人民事业的热忱，为组织领导新中国火箭、导弹和航天器的研究发展工作发挥了重要作用……他几十年来坚持用马克思主义哲学指导自己的研究工作和社会活动，无论在何种政治风浪下，始终忠于党、忠于人民、忠于祖国的科技事业和社会主义事业。完全可以说，钱学森同志是我国爱国知识分子的典范，他的经历体现了当代中国知识分子追求进步的正确道路……"

江泽民同志的讲话，激起了一阵又一阵经久不息的掌声。

是的，钱学森为我国火箭、导弹和航天事业的创建和发展，立下了卓越的功勋。在他的领导和组织下，我国在火箭、导弹和航天事业上取

全家福

得了举世瞩目的成绩。1960年冬,我国成功地发射了第一枚近程导弹。1964年,成功地发射了我国自行研制的中近程导弹。两年后,我国用中近程导弹运载原子弹的"两弹结合"飞行试验获得成功。1970年,我国用自己研制的三级火箭将我国第一颗人造地球卫星"东方红一号"成功地送上太空。1971年3月,我国用"长征一号"火箭将第一枚科学实验卫星"实践一号"发射成功。1977年10月,我国研制固体火箭发动机试验成功,装备了中国式的"飞鱼"导弹——"鹰击8号",震惊世界。1980年5月,我国第一枚洲际远程导弹试飞成功。1982年10月,我国第一代潜艇水下发射运载火箭圆满成功……

中国是世界上第五个用自制火箭发射本国卫星的国家;

中国是世界上第五个能独立发射同步卫星的国家;

中国是世界上第四个掌握一箭多星技术的国家;

中国在重型火箭技术方面位居世界第三；

中国的卫星返回技术是世界第一流的；

……

所有这一切，都与钱学森的名字分不开。

然而，当钱学森站在领奖台上致答辞时，却以朴实、平易、谦和的口气说：

"刚才各位领导讲我钱学森如何如何，那都是千千万万人劳动的成果啊！我本人只是沧海一粟，渺小得很。真正伟大的是中国人民，是中国共产党，是中华人民共和国！"

可上九天揽月，可下五洋捉鳖。钱学森以他为共和国的繁荣昌盛建立的卓越功勋，实现了自己的人生理想，在新中国的历史上写下了光辉的一页。

1996年，江泽民总书记到家中看望时的情景

一个人的成功需要七分的汗水，三分的天才。

郭永怀

山东省荣城人。1909年生。中共党员。空气动力学家。中国科学院院士（学部委员）。1935年毕业于北京大学物理系，1940年赴加拿大留学，获硕士学位。1941年赴美国加利福尼亚州理工学院研究可压缩液体力学，1945年获博士学位后留校任教。1946年到美国康奈尔大学任教授。1956年回国。历任中国科学院力学研究所副所长，中国力学学会副理事长，第二机械工业部第九研究所副所长，第九研究院副院长。1968年逝世。

在我国原子弹、氢弹的研制工作中，他领导和组织爆轰力学、高压物态方程、空气动力学、飞行力学、结构力学和武器环境实验科学等研究工作，解决了一系列重大问题。

赤心报国不顾身

—— 空气动力学家郭永怀的故事

在中国科学院力学所的绿树丛中，伫立着一尊雕像。每当人们从这里走过，崇敬与怀念之情便油然而生。他就是为我国的"两弹一星"事业做出突出贡献的著名科学家郭永怀。

1968年12月5日，刚刚去大西北参加一次核试验任务的郭永怀，因飞机失事不幸牺牲。在无情的烈火中，他仍然紧紧抱着那个装有核武器资料的皮包。

著名物理学家王淦昌直到晚年仍然对失去这位好同志痛惜不已，他说："安排好那次试验任务，本来我们是一块回北京的。周总理爱护我们，嘱咐我们不要坐飞机。到了兰州，郭永怀一定要坐飞机回来，他说这样节省时间，他说他是搞空气力学的，原来是搞航空的，应该带头坐飞机。没想到我们坐火车回到北京，他已经不在了。那时真应该硬把他拦住一起坐火车……"

钱学森十分沉痛地说："一个有生命、有智慧的人，一位世界知名的力学家离开了我们，生和死，就那么十秒钟！"

在中国科学院、在中国核武器研究院，直到今天，提起这位科学家，人们都称他有一颗黄金般的赤子之心。

不能丢掉中国人的骨气

郭永怀出生于山东省荣城县西滩郭家村一个贫寒的家庭。靠叔父的资助，郭永怀读完小学，以优异的

在中国科学院力学所的院中伫立的郭永怀的雕像

成绩考取了青岛大学附中，成为家乡第一个中学生。1929年夏，郭永怀进入南开大学预科班学习。他勤奋好学，在班里成绩总是名列前茅。

1933年，郭永怀获得了北京大学物理系的奖学金。毕业后，留校当助教。抗日战争爆发后，他回山东威海中学任教。1938年3月，威海被日寇侵占，郭永怀又辗转跋涉到昆明西南联大工作，同时跟随周培源教授学习流体力学。

1939年春，郭永怀考取了中英庚款基金会的第七届留英公费生。这年9月，郭永怀和同学们来到香港，准备乘船去英国。这时，第二次世界大战在欧洲爆发，所有的客轮都征为军用，英国不接纳留学生。他们只好返回昆明。

1940年1月，郭永怀和同学们到上海集合，乘船去加拿大留学。

上船后，他们发现护照上有日本签证，允许他们在横滨停船时上岸游览。

郭永怀和同学们无比愤慨，郭永怀说："我宁愿不出国，也不能丢掉中国人的骨气！"

全体同学们当即决定，在日本帝国主义侵略祖国期间，决不接受敌国的签证，宁可不留学也不能忍受这种民族的屈辱。

尽管中英庚款基金会的英国董事大喊大叫："谁闹事，就取消谁的留学资格！"郭永怀和同学们仍义无反顾地集体携带行李下船登陆，返回了昆明。

直到1940年8月，郭永怀和同学们在上海再度集会，乘俄国"皇后号"邮轮，踏上了寻求科学救国之路的漫漫旅途。

青年时代的郭永怀

1940 年 8 月，第七届留英公费生在"俄国皇后号"邮船上

决不替美国人服兵役

在加拿大的多伦多大学，郭永怀以非凡的勤奋和才智，仅用半年时间就获得了硕士学位。1941 年 5 月，他又来到当时国际空气动力学研究中心——美国加州理工学院古根姆航空实验室，在航空大师冯·卡门教授指导下工作。郭永怀非常出色地完成了当时空气动力学的前沿课题——跨声速流动不连续性的研究论文，并于 1945 年获得了博士学位。

郭永怀的突出成绩，很快传到美国康奈尔大学。主持航空研究生院工作的西亚斯教授，聘请郭永怀到该院任教。

1946 年 9 月，郭永怀来到康奈尔

创建美国康奈尔大学航空系的五员大将

郭永怀（后排左七）在美国康奈尔大学与同事和学生在一起

大学。一进校园，郭永怀就向校方声明："转来贵校是暂时的，将来在适当的时候就要离开。"

康奈尔大学为了同附属研究机构建立紧密的联系，动员郭永怀申请接触机密资料。

他们发给郭永怀一张表格，其中一栏：如果发生战争，是否愿意为美国服兵役？郭永怀看了半天，在上面写了个大大的"不"字。这样，郭永怀就不能接触任何机密资料了。

1953年，郭永怀在康奈尔大学任教已经七年，应有一年休假。英国请他去讲学，美国不给签证。于是钱学森邀请他到加州理工学院工作。他们常常在一起倾诉对祖国的思念和回国的决心。

中国是我的祖国

新中国成立，使留学海外的炎黄子孙受到巨大的鼓舞，他们从高高升起的五星红旗上看到了中华民族振兴的希望。

郭永怀在1957年发表的《我为

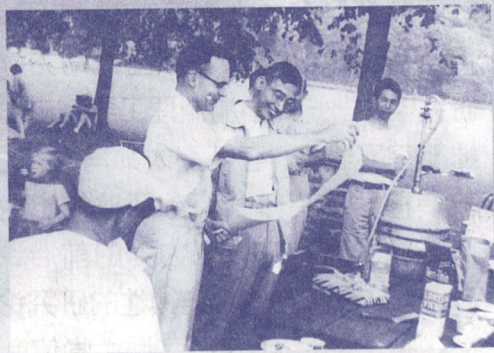

在 W.R.Sears 送别郭永怀的野餐会上

什么回到祖国 —— 写给还留在美国的同学和朋友们》的文章中说："自从 1949 年人民政府建立以来，买办阶级和帝国主义的工具被逐出中国大陆，广大的人民就真正地抬起了头，有了办法，有了保障，这个保障便是中国共产党。这几年来，我国在共产党的领导下获得的辉煌成绩，连我们的敌人也不能不承认。在这样一个千载难逢的时代，我认为，作为一个中国人，都有责任回到祖国，和人民一道，共同建设我们美丽的河山。"

美国当局为了阻拦郭永怀回国，寻找借口将他的妻子李佩无理传讯一年多时间。国民党方面也专门派人去劝他到台湾，郭永怀毫不动摇，激愤地与那个人辩论了几个小时。

1955 年，钱学森在周恩来总理的关怀下回到祖国。郭永怀得知这一消息，回国之心更加迫切。

这时，美国当局对中国留学人员以填表摸底的方式进行威胁。郭永怀在摸底表上坚定地回答："中国是我的祖国，我想走的时候就要走。"他请了律师，向美国移民局交涉，据理力争。美国政府迫于舆论的压力，根据 1954 年中美大使级谈判中达成的协议，不得不答应让郭永怀回国。

与夫人李佩女士

为了避免美国当局节外生枝，郭永怀在做回国准备时，在他住房的后院烧了不少他多年来写就的科研文章和教学讲义的手稿。

郭永怀写这些手稿花了不少时间，一笔一划都很清楚；而焚烧纸张的烟雾也会引起邻居的不满。郭永怀的妻子李佩当时劝阻说："何必烧掉！回国还有用。"

郭永怀说："省得找麻烦，反正这些东西都在我脑子里了！"

在康奈尔大学航空工程研究生院院长为他送行的野餐会上，郭永怀利用烧烤香肠和汉堡牛排的炭火余烬，把他没有烧完的一大叠讲义一页一页地烧光。

在场的同事和学生们看着闪闪火焰，都默默无语。

事实证明了郭永怀的机智和远见。在他们搭乘的"克里夫兰总统号"轮船即将开船时，突然上来几个

郭永怀夫
妇与女儿郭芹

穿着深蓝色制服的彪形大汉。这些美国移民局和联邦调查局的特务到核科学家张文裕、王承书夫妇的舱房里搜查了所有的行李，使开船时间意外地推迟了两个小时。

在焦急地等待中，郭永怀、李佩在甲板上暗暗为张文裕夫妇担心，生怕特务们把他们一家扣下。直到看见特务们离开了，郭永怀夫妇才松了一口气。同时，李佩也为郭永怀烧掉了书稿暗暗庆幸。

1956年9月30日，郭永怀等归国科学家从罗湖边防站踏上了祖国大陆的土地。几十年后，郭永怀的夫人李佩教授仍对当时的情景记忆犹新：

"当年我们过境踏上国土时，首

平易近人、受人尊敬的郭永怀

先看到的是几间灰秃秃的小屋和穿着灰色制服的边防战士，醒目并使我们大家感到又兴奋又温暖的是高高飘扬的五星红旗。"

我想的是尽快投入工作

郭永怀回到北京，见到了先期回国的钱学森，兴奋地流下了热泪。钱学森推荐他担任中国科学院力学研究所副所长。

周恩来总理在中南海接见了郭永怀，问他有什么要求，郭永怀说："我想的是尽快地投入工作……"

郭永怀全力以赴地投入高超空气动力学、爆炸力学、电磁流体力学、飞行力学和固体力学的研究和指导工作中。他从不休星期天和节假日，早出晚归，埋头书案，工作成了他最大的乐趣。他听音乐的时间没有了，从美国带回来的两箱新唱片，从未拆封，后来全部送给了中央人民广播电台；他爱好集邮，从清朝到当时的国内外邮票，整整搜集了三大本，后来也全部送给了邮政总局；他十分喜爱摄影，现在也顾不上了……

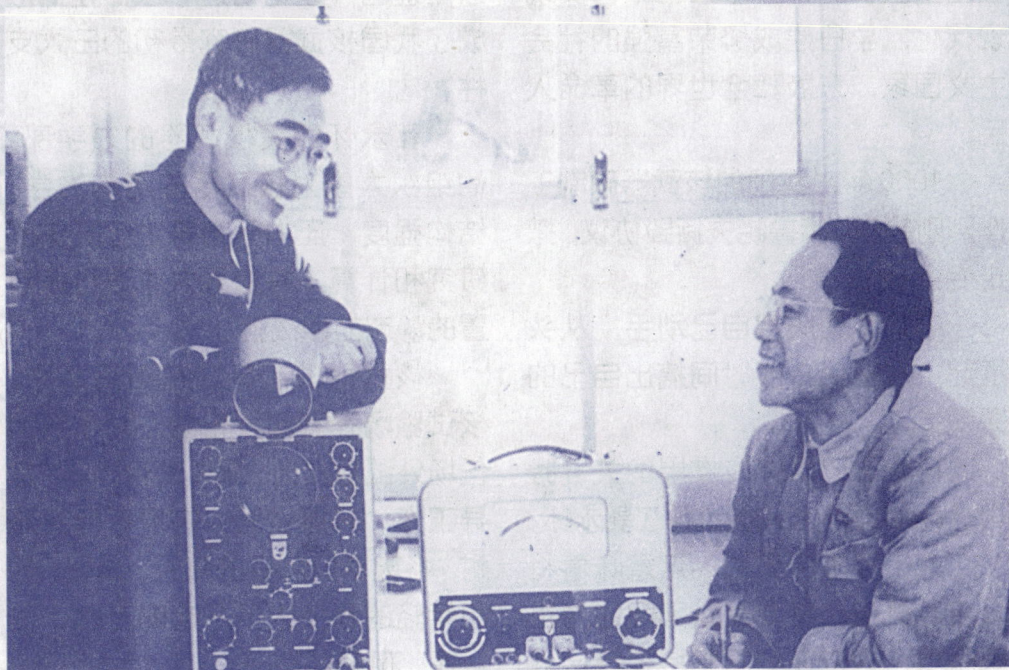

在实验室与同事交谈

与友人一家

郭永怀说："我作为一个中国人，特别是作为革命队伍的一员，衷心希望我们这样一个大国早日实现现代化，早日建成繁荣富强的社会主义国家，来鼓舞全世界的革命人民。"

1960年，我国的核武器研制工作刚刚起步，赫鲁晓夫撕毁协议，撤走专家。

中共中央决定自己动手，从头摸起，准备用八年时间搞出自己的原子弹。

在我国"两弹"发展的关键时刻，钱学森再一次向党推荐了郭永怀。

对于郭永怀来说，这意味着将要接触机密，将要默默无闻地为祖国献身。这位在美国坚持拒绝接触机密的科学家，在祖国召唤的时候，毫不犹豫地投身到研制原子弹的秘密工作中。1960年，郭永怀担任了核武器研究所副所长，与实验物理学家王淦昌、理论物理学家彭桓武形成了我国核武器研究最初的三大支柱。

郭永怀负责核武器的力学部。他组织大家对核武器的结构力学、结构强度、压力分布等进行具体的研究和计算，并指导大家进行核装置的静态力学试验。

核武器研制基地在青海高原，核试验场在新疆罗布泊，郭永怀担任场外试验委员，深入试验现场，指导工作，开展试验。在夏季酷热难耐、冬天寒风刺骨的高原、戈壁，他和年轻的科技人员一起喝苦水、住帐篷，风餐露宿。

郭永怀经常奔波于北京、青海和罗布泊之间，听取汇报，深入科室、车间，亲临试验现场，就一些关键问题开展技术讨论。从课题设置、方案制定和装置建立到实现设施、结果分析，他都一一亲自过问。

与此同时，郭永怀还关心和倡导力学新兴领域的研究工作，参与领导火箭氢氧发动机和地空导弹的研制工作，参加再入物理工程的筹备工作，参加人造卫星设计院的领导工作，空气动力研究院的筹建工作，指导重大工程防护问题的科研工作……

对于郭永怀来说，时间太紧张也太宝贵了。尽管中央为了保证安全，不让他乘坐飞机，但郭永怀仍坚持要乘，还特别喜欢选择夜航。他说："乘飞机节约时间，夜航打个盹就到了，第二天可以照常工作。"正

在指导学生

是在夜航中，无情的事故夺去了他宝贵的生命，给人们留下了巨大的悲痛和深深的遗憾。

1999年9月18日，中共中央、国务院追授郭永怀"两弹一星"功勋奖章。

郭永怀的夫人李佩教授说："如果郭永怀活着，他一定会为今天祖国的强大高兴的！"

给力学研究班
第一班学员讲课

257

无私奉献，不图名利。

唐宇锋

浙江省湖州市人。1917年生。中共党员。火箭技术和结构强度专家。中国科学院院士，国际宇航科学院院士。1940年毕业于西南联合大学。1941年赴美国麻省理工学院航空工程系留学，1945年回国。先后在西南联合大学和清华大学任教授，1957年后历任国防部五院研究室主任、总体设计部主任，第七机械工业部第一研究院副院长、总工程师，科技委主任，航天工业部科技委副主任，航空航天工业部一院技术总顾问和航空航天工业部高级技术顾问。

他领导和参加了我国地空导弹初期的仿制和研制工作。先后担任我国自行研制的液体弹道式地地中近程导弹、中程导弹的副总设计师，洲际导弹和长征二号运载火箭的总设计师。特别是在液体弹道洲际地地导弹的研制试验中，他以坚实的理论基础和丰富的实践经验，提出许多独到的见解和解决问题的办法，保证了我国向太平洋预定海域发射洲际导弹任务的圆满完成。他还参与、领导了"长征二号E"大型捆绑式运载火箭的研制工作，为中国的航天事业的发展做出了重要贡献。

刺破青天锷未残

—— 火箭技术和结构强度专家屠守锷的故事

"5年内中国不会拥有运载核武器的工具。因为美国从第一颗原子弹爆炸到发射载有核弹头的导弹，用了12年时间，苏联也差不多，所以中国至少要用10年。"这是1964年10月中国的第一颗原子弹爆炸后，美国国防部长麦克纳马拉说的话。中国打破核垄断的消息像冲击波一样倾刻间传遍了全世界，美国总统约翰逊立即取消周末休假，紧急召开安全会议商讨对策。会上惟一使他们感到安慰的，便是上述这个判断。但事实证明这个判断完全错了。屠守锷的故事就从这里讲起吧。

我就不信那个邪

中国最初的原子弹爆炸，采用的是固定在架子上起爆或用飞机空投起爆的方式。固定起爆只能用于己方试验，因为战时不可能把原子

屠守锷为祖国的强盛开怀畅笑

弹运到敌方实施爆炸。飞机空投固然好，"二战"时美国轰炸日本广岛采用的就是空投法。但是当时中国的轰炸机性能落后，苏美任何一架歼击机都能轻而易举地进行拦截。就中国当时的实力而言，依靠数量、质量都很薄弱的飞机来建立自己的核威慑力量，显然是行不通的。所以，发展导弹技术，用导弹作为运载核武器的工具，是中国必须走的护国之路。

20世纪50年代，屠守锷被钱学森从北京航空学院点将点到国防部五院从事导弹研制工作。当时导弹研究有十大研究室，他是室主任之一，负责导弹结构强度与环境条件的研究、试验工作。1957年9月，他随聂荣臻副总理率领的中国政府代表团赴苏联谈判，促成了中国第一次也是唯一的一次导弹技术引进。后来，他和战友们只用了两年多的"描红"，并在苏联专家撤走后的第3个月，就试验成功了第一枚仿制的导弹。

就像会"描红"不见得会写大字一样，会仿制并不意味着自己会独立设计，屠守锷他们又开始了新一轮冲击。1962年3月，我国自己设计的第一枚导弹竖立在酒泉发射基地。导弹点火后，大家看着火焰升腾、神剑出鞘，刚要欢呼胜利，却见导弹突然像一个醉汉一样摇摇晃晃，接着就滚动起来，很快失去控制，随之一声爆炸巨响。难道没有外国的援助

与获香港"何梁何利"奖的科学家们合影

在澳星发射现场

中国就搞不出导弹来?难道人家能做到的我们就做不到?屠守锷就是不信这个邪。在这困难的关头,他受命主持导弹的研制工作。他把各分系统的技术人员召集在一起,重新审查设计方案,进行了大量的分析计算和几十次乃至上百次地面试验。当时没有计算机,全靠屠守锷和大家一起用手算,仅有的手摇计算机被当成宝贝你争我抢,由于它算得慢,大家排队还排不上。屠守锷凭着自己敏锐的科学思维和坚实的技术功底察觉到,在导弹的设计中忽视了弹体的弹性振动问题。他带领大家进行了多次试验、数据处理,终于摸清了这一规律。当时,他们写的总结报告就有67页之多。接着他对导弹的总体技术方案和几个分系统进行

了修改。两年后,即1964年6月,中国自力更生研制的导弹在飞行试验中取得了圆满成功,随后连续进行了7次飞行试验也全部获得成功。

在这种导弹基础上改进而成的新型导弹成了原子弹的运载工具,为导弹和原子弹的联姻拉上了一条结结实实的红线。1966年10月27日上午,我国第一枚导弹核武器发射成功,现场总指挥聂荣臻元帅在给毛泽东主席、周恩来总理的报告中写了这样一段话:"我们在自己的国土上用导弹进行核试验,而且一次就百分之百地成功,这在国际上是一个重大创举……从第一次爆炸小型化核弹头到导弹核实验成功,美国用了13年,苏联用了6年,我们只用了2年。比美国快6倍,比苏联快3倍。"

261

决不能带一个问题上天

屠守锷平时不大爱说话，但凡说起话来，总是斩钉截铁，从不拖泥带水。

1980年5月18日，是屠守锷生命中最重要的日子。那一天，作为中国洲际导弹的总设计师，屠守锷在发射前组织了对导弹的最后一次评审，他在"可以发射"的鉴定书上郑重地签下了自己的名字。这个名可不是随便签的。早在1968年，他和同事们就拿出了导弹的初步方案。尽管"文革"闹得如火如荼，可屠守锷却继续着他的工作。白天他也参加"大批判"，别人在台上壮怀激烈地声讨，他却在台下旁若无人地演算设计公式，差点被人揪出来充作"白专典型"。"革命"年代大会多，今

参加技术评审

天批判这个，明天揭发那个。他也召集开会，不过是设计论证会、数据分析会。他我行我素，埋头于资料、图纸和各种数据之中。他尽力搜寻当时的最新资料，大胆革新，在很多技术领域取得巨大的突破，终于拿出了设计方案。但是，当时全国都在"闹革命"，规章制度被废弃，一些元器件、零部件先天不足，毛病百出，

接过获奖证书

导弹的生产质量得不到保证。"绝不能带一个问题上天"，导弹总设计师屠守锷吐出的这句话就是命令。在导弹总装阶段，他钉在车间里，以极其严格的测试、检查，严把质量关。对不合格的零件，他要求统统换掉。在屠守锷的带领下，大家对导弹进行了100多次仪器测试和X射线检查。当时曾查出几根多余的铜丝，有人说没关系，导弹上天时与大气摩擦可以把这些铜丝烧化。屠守锷说，那不行，这个头我可不点。在1978年至1979年的一年多时间里，他领导了6次不同目的、不同条件的飞行试验，都取得了成功。

1980年的初春，屠守锷带领导弹试验队来到了茫茫戈壁进行飞向太平洋的导弹远程发射试验。戈壁滩的春天来得格外迟，平时黄沙一片，看不见绿色，刮风的时候，飞砂走石黄雾漫漫。年过花甲的总设计师不怕条件艰苦，和试验队员们一起对导弹进行发射前的各种"体检"。厂房里、发射场、控制间、遥测站……到处都可以看见一个老人的身影。看着他穿着布衣，鼻孔、耳朵、镜片、头发沾满沙尘，初来的人谁也不相信他就是赫赫有名的导弹总设计师。

爬几十米高的塔架，对于年轻

祖孙三代

屠守锷（中）与中国航天的总师们

人来说都不是件容易的事，更何况对于一个60多岁的老人。但是身为总设计师，不进行发射前最后的把关，屠守锷的心里就不踏实。考虑到他的身体，研究院的院长要抢先上塔架，但固执的屠守锷一把拉住院长的手："不行，你有高血压，还是我上。"说完便头也不回地踏上陡峭的铁梯向塔顶爬去。

总设计师最了解自己的导弹。当他认真、坚定地点头同意发射时，他充满了必胜的信心。激动人心的时刻到来了！导弹直上九重天，凌越几万里，准确命中太平洋靶标。消息传进指挥大厅，屠守锷当着大家的面，双手捂住脸，孩子般地哭了。

倔老头的远视眼

屠守锷从年轻时就近视，戴着一副沉甸甸的眼镜。可人们却偏说他是远视眼，因为他的眼光总爱盯住那些未来才能变成现实的事情。

每当获得一项成功，他的心里就在琢磨如何突破现有的技术水平，向新的目标冲击。

远程导弹的设计刚刚完成，他就瞄准了把导弹改成火箭，以便发射卫星的目标。他和同事们对这种导弹的设计进行了十多项重大改进，进一步提高了它的可靠性和技术性能，降低了生产成本，让它承担起发射我国返回式卫星的任务。从导弹改进而成的火箭叫"长征二号"火箭，专门发射低轨道对地观测返回式卫星。"长征二号"及其改进型火箭一共发射了17颗返回式卫星，次次成功。"长征二号"可靠性好、成功率高，被确定为我国运载火箭的基本类型。在它基础上搭积木式的发展，使"长征"火箭这个大家族，至今已有12种型号，可谓"人丁兴旺"。而追根求源，"长征"火箭的老祖宗，就是远程导弹。屠守锷对我国运载火箭技术的贡献由此可见一斑。

初期的中国火箭运载能力比较低，小卫星、轻卫星可以运载，而大卫星、重卫星就载不动了。80年代后期，为适应信息事业的发展，国际上"身宽体胖"的重型卫星大量涌现，中国火箭要走进国际市场发射外国卫星，就显得有些力不从心了。屠守锷的"远视眼"又"犯病"了，他盯上了捆绑火箭技术。所谓"捆绑"，就是在火箭下面捆绑几个助推火箭增加推力。但是它的技术难度较大，如果捆不好，很容易造成箭毁星亡。在各种意见争执不下之时，他以70多岁的高龄，在众说纷纭之际拍板支持年轻人冒险，并帮助他们攻克结构力学、气动力学和自动控制方面的道道难关。他以自己的学识、经验和科学论证认定，捆绑技术不是逾越不了的鸿沟，在突破了这道关卡之后，不仅可以发射卫星，还可以发射飞船。屠守锷的远见终于被同行认同，结果捆绑式火箭首先与外国签订了发射合同。在合同签订后的第18个月，运载能力比"长征二号"火箭提高了3倍的"长征二号E"捆绑火箭就挺立在西昌发射中心，它先后把5颗外国卫星送上了预定轨道。1999年11月20日，它的改进型又把中国"神舟号"试验飞船送上了太空。屠守锷非常平静地看着这每一步的飞跃，有人看见他又开始擦拭那副厚厚的眼镜片琢磨新的目标了。

屠守锷的"倔"是有名的。在家里，孩子们如果与老伴发生了什么矛盾，他总是无原则地支持孩子们，以致几个孩子都觉得爸爸可亲，妈妈太严厉，气得老伴没辙。对待采访

他的记者，他更是倔，三两句话就会把记者噎死："我没什么好采访的，活是大家干的，成绩是大家的。"因此常跑科技界采访的记者都知道，采访屠守锷是一道很难攻克的"技术难关"。

报国者的护国剑

屠守锷出生在浙江省吴兴县南浔镇一个不太富裕的职员家里。父亲竭尽所能让子女们得到了良好的教育。屠守锷在家乡读完小学后，又进入浙江省省立二中和江苏省省立上海中学读书。

1932年1月29日，父亲去接在上海读书的儿子回家过春节，谁知却碰上日本飞机轰炸上海。日本飞机疯狂地向下扔炸弹，一时间哭声四起，瓦砾成片，繁华的市井街巷，成了血肉横飞、烈焰冲天的悲惨世界。父亲拉着儿子的手，紧张地穿街

与夫人共忆往事

挂上"两弹一星"功勋章

大学航空工程学士学位，随后又考取了清华留美公费生，进入美国麻省理工学院研究生部攻读航空工程专业。

两年寒窗苦读，他以一篇优秀的毕业论文拿到了科学硕士学位。不久美国布法罗寇底斯飞机厂请他去担任工程师，负责飞机强度分析。他毫不介意工厂的嘈杂、工作的繁琐，抓紧一切可以实践的机会学技术、练本领，他盼望有朝一日能够用自己的知识为中国人造飞机。

1945 年，日本投降的消息震动了他，他觉得报效祖国终于有了希望。他毫不犹豫辞掉了待遇优厚的工作，很快办好了一切回国手续。他从美国东部的布法罗驱车 40 多天，横穿北美大陆，来到西部旧金山港口。然而等了几天也没有找到客轮，只有到青岛的运兵船。归心似箭的屠守锷一把就把行李甩上了运兵船，跳上了船甲板。

回国后，满目疮痍的旧中国实在令他寒心，国民党政府的航空委员会如同小作坊，他们既定的航空方针是：买外国飞机。他不甘心命运的捉弄，自告奋勇地在西南联大开设航空课程，希望培养能够为中国造飞机的人。可是第一天上课的情景却使他惊呆了：讲台下只有两名

越巷，奔向轮船码头，逃离了上海。亲眼目睹了这一幕惨剧的屠守锷，从此立下志愿，要造出自己的飞机，赶走侵略者。

19 岁的屠守锷以优异的成绩考入清华大学机械系，第二年清华大学又设航空系，他当即转入航空系。抗日战争爆发后，清华、北大、南开三所大学在 1938 年初被迫到大后方昆明成立西南联合大学，他随学校步行 80 多天赶赴昆明就学。条件的恶劣、生活的艰苦，磨砺了他报国的雄心壮志。1941 年夏，他获得了清华

听课的学生!

1947年，屠守锷到清华大学任教授。在地下党的帮助下，他懂得了只有共产党才能救中国的道理。1948年12月，这个一心想用知识报效祖国的知识分子，加入了中国共产党。

新中国成立后，航空工业成了国家重点支持发展的行业。国内七八所大学纷纷开设航空系，大力培养人才。屠守锷有了用武之地，先后担任了清华大学航空系教授，北京航空学院教授、系主任、院长助理等职，直到1957年，一项更重要的使命落到他头上为止。

1957年2月，屠守锷进入了一个秘密的行业，从事一项不能对外泄露的工作——制造战略导弹。飞机在大气层以内飞行，而导弹要在大气层以外飞行。因此，屠守锷谈到自己的工作的变化时常常哈哈大笑——又进步了。

他一干就是半个世纪，回首走过的路，他无怨无悔，他为从事神圣的强国事业而骄傲自豪。几十年来，他一直保持着打太极拳的习惯，在柔中有刚的一招一式中，锻炼思维的敏捷，保持身体的健康。他希望守住自己这把护国之剑，让刃锋永远闪光。

"锷"的意思是"刀剑的刃"，"守锷"这个名字形象地概括了他的一生。

愉快的晚年（屠守锷与夫人在家里）

在成功面前，多考虑别人的贡献；

在失败面前，多考虑自己的责任。

黄纬禄

安徽省芜湖市人。1916年生。中共党员。火箭技术专家。中国科学院院士，国际宇航科学院院士。1947年毕业于英国伦敦大学帝国学院。回国后历任"东风一号"副总设计师兼控制系统总设计师，"东风二号"副总设计师，"东风三号"副总设计师，潜地固体战略导弹及陆基机动固体战略导弹总设计师，航天部总工程师，航天工业总公司高级技术顾问。

他在导弹武器系统总体及控制技术理论和工程实践方面具有很深的造诣，是我国固体战略导弹的奠基人。50年代末，他主持突破了我国液体战略导弹控制系统的仿制和改型设计难关，进而通过自行设计相继解决了远程、多级火箭的液体晃动、弹性弹体稳定、级间分离及各种制导、稳定方案的理论和工程技术问题，使我国液体战略导弹控制技术达到了新的水平。20世纪70到80年代，主持研制我国第一个潜地和地地固体机动战略导弹并获得成功，解决了水下发射、三轴稳定平台在运动基座上的调平及瞄准等一系列关键的技术问题。

摧天神力镇海魈

——火箭技术专家黄纬禄的故事

他的名字是在西方人"中国军队有了远程潜地导弹"的惊呼声中公诸于世的，他的事业是伴随着东海之中跃出的一条蛟龙而闻名天下的。

他叫黄纬禄，中国核潜艇水下发射的潜地导弹的总设计师。他颇具火药味的成功使中国具备了第二次核打击力量。中国国防部部长张爱萍将军用一支潇洒的笔，把他的杰作誉为：玲珑一代骄，神力镇海魈。

噩梦初醒雾伦敦

身为芜湖人，他是喝着长江水长大的。父亲是一名前清秀才，后来在一所小学里当国文老师。回忆童年时代，黄纬禄觉得特别惬意。"中学时，我对数、理、化都很感兴趣，但文科成绩比较差。为了考上大学，我必须首先上一所好高中。由于家乡学校教学水平比较差，我和三个

他把名利看得很淡，喜欢平静的生活

同学一起去报考了江苏省的优秀中学——扬州中学。第一场考数学，刷下了一位伙伴；第二场考理化，又刷下了另一位同伴，只剩下我一个人了。我虽然有点害怕但仍然坚持下来，结果，我被录取了。后来，我的初中母校认为我为学校争光了，还把我吹嘘一番。"

"一到扬州中学，数理化全部用英语讲课，英语老师更是一句中文不说。化学老师对我们要求特严，他知道我们英语不好，上课前就先用英语念一遍课文，可他念得速度太快，我们根本不知道他念到哪儿了。晚上回去复习，等于是学英语，一晚上只能读懂半页。我想，这下可完了，心里打开了退堂鼓。可是我在初中时是名列前茅的好学生，在这儿被除名，岂不太丢人？这时父亲来信鼓励我，让我安心读下去，说只要努力了，就是被除名，家里也不怪你。第一个月考试，全班的化学都考得糟得很，我也不例外。后来老师每两天考一次，一连考了两星期，我们竟然闯了过来。基础打好了，后来的学习就顺多了。期末，我的成绩居然排在前10名。毕业那年，我的数理化全部是100分。"

"1936年，我以当届考生中第一名的成绩，赴南京国立中央大学电机系上学。"

黄纬禄的大学时代，是在抗日的烽火中度过的。为了躲避战乱，学校从南京颠簸到重庆。1940年，他毕业后分配到重庆一家无线电厂工作。1943年，他抱着求学的信念，到英国

和几位德高望重的航天老总在一起

与张爱萍将军在一起

伦敦大学攻读研究生，同时在一家工厂实习。

　　1943 年的一个清晨，雾都伦敦刚刚醒来，突然，天空响起了一阵怪叫，一枚德国造的类似无人驾驶飞机的 V-1 导弹从天而降，掉在距这家工厂设计科窗户 5 米远的地方，当时就夺走了办公室里 4 个人的生命，另一名在送往医院的路上也死了。黄纬禄是这个办公室里唯一的幸存者，因为他是实习生，按规定他可以迟到半小时。

　　"这个家伙，是怎么飞过英吉利海峡跑到伦敦来的？" 黄纬禄心里很纳闷，这是他对"导弹"这个坏家伙留下的第一次印象。不久，一枚未爆炸的现代导弹的雏型 V-2 导弹在伦敦博物馆里展出，黄纬禄从展览的说明中了解了它的基本原理，这才转变了"观念"。"这个东西还不错嘛，要是我的祖国也有它，用它来对付日本鬼子，岂不可以出一口受欺侮的恶气。"后来黄纬禄的大半辈子就奇迹般地与导弹拴在了一起。

俯首甘为孺子牛

　　1956 年一个春暖花开的日子，北京中南海怀仁堂内云集了陆海空

271

热爱生活

三军将领和技术专家，他们是我国高科技发展和战略武器研究的决策人。在陈赓大将的主持下，刚刚从美国回来的钱学森作了关于发展我国火箭技术的报告。1947年学成回国，当时正在一所电子科学研究院任研究员的黄纬绿也置身其间。

时隔不久，我国第一个导弹研究院 —— 国防部第五研究院成立了。1957年，黄纬禄被调去研制导弹。根据他的学术水平和技术造诣，他被授予上校军衔。当第一次对镜"理戎妆"时，他看着头上闪亮的军徽和肩章上跳动的俩杠仨星，禁不住心如潮涌，激动万分，一股莫名的愧疚感涌进了他的心灵深处。他知道，这里面有祖国对知识分子的厚爱，有人民对自己的深深期待。

为了对付帝国主义的侵略，国家决定加快潜地导弹的研制。潜地导弹是从潜艇上发射的导弹，是战略导弹中自我保护能力和生存能力最强的导弹之一。军事家把陆基地地导弹、空基远程轰炸机和海基潜地导弹称为三位一体的核威摄力量。潜地导弹总设计师的担子压到了黄纬禄的身上。从此，从内蒙边塞到云贵高原，从西北戈壁到渤海之滨，从研究室到生产车间，从技术阵地到发射现场，人们总能看到他风尘仆仆的身影。成年累月，他戴着一副蓝套袖，背着一只黄挎包，风里来，雨里去。

要出差了，碰上买不到卧铺票，他就坐硬板。"行，只要走得成就行。"他眯着眼睛，从不抱怨火车的拥挤。

"招待所条件太差，三四个人一间屋，换家宾馆吧？""没事，只要能躺下就行。"他还是笑眯眯地回答，从不计较住宿的简陋。

"又是馒头咸菜，食堂只有这个水平，委屈您了。""没关系，只要肚子饿不着就行。"他美美地嚼着，从不挑剔饭菜的质量。

这就是他的生活准则。只要导弹的事干得顺利，他把一切都看得很淡。

有一次，在导弹发射试验前，突然一台仪器出现故障，更换时，需要先把火箭的自爆系统卸下。这是一件十分危险的工作，稍有不慎，周围几百米内就会是一片火海。黄纬禄陪着富有排障经验的老工人陆师傅一起去更换。有毒的导弹燃料呛得他们睁不开眼，一个劲儿地咳嗽。陆

呕心沥血甘为孺子牛

273

师傅站在吊车上一遍又一遍地催黄纬禄离开，可他半天不改一句话："不，我陪你。"陆师傅在吊车上卸了两个小时，总设计师黄纬禄就在吊车下整整站了两个小时。

导弹要做耐低温、耐高温和入水投掷试验，黄纬禄厮守着导弹。零下40摄氏度的严冬，黄纬禄顶着刺骨的寒风；零上40摄氏度的酷暑，黄纬禄耐着高温的蒸烤。有一年，在火炉南京，黄纬禄和大家一样穿着大裤衩，在长江大桥上进行导弹的入水试验，灼热的阳光把他们的皮肤

黄老深受人们尊重

烤脱了好几层皮。

魔术师的看家法宝

黄纬禄不会唱歌，不会跳舞，却

到现场检查落地的弹头

274

陪杨振宁先生参观中国航天博物馆

有一手变魔术的本领。在一次联欢会上，他露了一招：把一张10元的人民币放进信封，一起点燃烧成了灰烬。然后，他找出一个苹果，熟练地削起皮来。削着削着，那张10元的票子竟然从苹果中出来了。

"哇！真神了。"大家齐声欢呼起来。

其实，黄纬禄不仅变魔术"神"，在导弹研制中，他的"神事"也实在不少。

有一年夏天，一种新型导弹进入发射前5分钟的准备阶段。突然，一个电压表出现异常摆动。部队现场指挥员一时不知如何处理，便打电话给正在山上观测所里的黄纬禄，请示怎么办，黄纬禄听到报告，急忙跑下山。当时参加试验的前方后方几百双眼睛都在注视着他的决策，并为这种异常情况捏着一把汗。黄纬禄只问了一句话："平台怎么样？""平台工作正常。"负责平台的同志回答。黄纬禄沉思了几秒钟，果断地一挥手："按时发射。"只见发射架上一团白烟，导弹一跃而起，直冲九天。发射成功了！

后来人们问他为什么这么

275

"神"，黄纬禄回答说："这叫把情况摸透了。"此话不假。在试验中黄纬禄参加了每个环节、每个阶段的设计和测试工作，对弹上各系统的工作状态了如指掌。发射前，他又带领大家一起"过电影"，把所有可能出现的问题及隐患过了一遍，并做好了预案。所以，一有"风吹草动"，他马上就能判断哪里出了问题。

层，谁都可以做到。

1982年，是黄纬禄主持设计的潜地导弹研制最关键的一年。他几乎全身心地扑在了试验第一线。

早春二月，他在北京主持设计师系统会议。会议第二天发现便血，他悄悄让秘书去医院要点药，一直硬挺着主持了5天会议。

七月酷暑，他穿梭似地奔波在

"不到第一线就没有发言权"

黄纬禄对实际情况和内在规律的精确把握，使他能够准确地判断导弹的工作状态。不过他对别人"料事如神"的夸奖并不以为然，他说，这有啥难的，只要深入实际、深入基

导弹生产的各个工厂，夜以继日地与科技人员、生产工人会商情况，解决问题。

十月金秋，他来到海军基地，指挥首次潜艇水下发射导弹联合试验。

摆弄心爱的"小玩艺儿"

发射前，军委的一位老将军请黄纬禄到基地附近的一所高级疗养院让他休息两天。他虽然当面答应了，但老将军前脚走，他后脚就溜回了基地。

他说，导弹研制是一个很大的系统工程，作为工程总设计师，最起码的看家本领就是到第一线去，一天不深入实际，就一天没有发言权。

10月12日，中国首次进行的潜地导弹发射，一举成功！

真是拿你没办法

黄纬禄爱他的导弹胜过了爱自己。

20世纪70年代，组织上调他到20多公里外的一个单位任技术领导。那时的交通很不方便，单位的班车也因"文革"时开时不开，他便骑自行车去上班。老伴心疼他："都年过半百了，身体又不好，能不骑车就不骑。"可他却和老伴逗乐："你可不知道，骑车有两大好处，一来锻炼身体，二来确实方便。"有一次下大雪，他骑车摔倒了，胳膊疼得连筷子都拿不了。但是第二天，他又挤进公共汽车上班了。

还是那一年，他胃溃疡犯得厉害，医生给他开的休假条一张又一张，他却为了给他的导弹诊断"病情"而歇不下来。医生给他开了十多副中药，他竟然一次熬出，装在一个大瓶子里带到单位，省下了每天熬药的时间。他天天吃住在办公室，以自己的孱弱身躯为他的导弹保驾。

黄纬禄的肾结石病也时时折磨着他。一些同事经常看见他按着腹

情深意更浓（与夫人在一起）

喜欢绿色

部忍着阵痛坚持工作。有人给他介绍了一种特效中药，很多人吃了都反映效果好，可他吃了几十副，结石仍然排不出来，医生不得不给他做了手术。手术后，医生拿着取出来的石头对他夫人说："你看这块结石正好卡在输尿管的最狭窄部位，结石周围还有几个小爪，抓在输尿管上，它怎么能排得出，又怎能不疼呢？"他夫人听了，几乎落下泪来：怪不得老伴出差坐车颠簸后就觉得肚子疼，有时疼得一夜一夜睡不着，在屋子里走来走去。

有一年严冬，在西北做导弹发射试验，当时气温是零下 20 多摄氏度。黄纬禄从北京一到试验场就开始发烧。按规定，第二天凌晨 2 点，所有参试人员必须到岗进行准备。"黄总，您就别去了。"秘书劝他，"您好好休息，我们去就行了。"研究院的王副院长也再三叮嘱。黄纬禄见劝他的人太多，便满口答应了下来："好好，我明天就不去了。"第二天，大家在发射场紧张地工作。突然，有人发现黄纬禄顶着凛冽的寒风，拖着发烧的病体出现了。王副院长又

279

着急又动情地跺着脚："黄总啊，我们真拿你没办法。"

胖大嫂可当不得

黄纬禄是一个慈祥的长者，双眼中从来都透着亲切的笑意。他平时喜欢下象棋，用火柴棍演习数学智力题，还时常讲一段幽默故事。

在一次导弹试验中，有个继电器偶尔出现了一次该吸合而不吸合的现象。后来大家又反复测试了几次，问题都没有复现。有的同志认为这只是偶然现象，用不着大惊小怪。黄纬禄得知后，笑眯眯的双眼立刻充满了严肃的神情："不行，偶然中有必然，一定要查它个水落石出。"果然，在仔细的检查中，一片小小的铁屑被黄纬禄和大家一起从继电器上取了下来。当这个小铁屑竖起来时，继电器就不能吸合，当小铁屑倒下时，继电器就能吸合。

"可不要小看了这一点点铁屑，它会招致整个飞行试验的失败。"黄纬禄讲起了胖大嫂回娘家的故事。

"胖大嫂要回娘家，心里特别高兴。她用被子包起孩子刚准备走，孩子突然哭闹起来，胖大嫂急忙打开被子，原来孩子撒尿了。当她给孩子

打太极拳是锻炼身体的好办法

黄纬禄在基地

换完尿布，却把孩子放在炕头，急急忙忙包起一个枕头就走。她走到一片西瓜地，被西瓜绊了一跤。抱着的枕头被摔了出去，她却慌慌张张地用被子包了个西瓜就走。走到半路她突然发现孩子一声不吭，动也不动，打开被子一看，原来是个大西瓜，她吓坏了，赶紧跑回那片瓜地，可是孩子没找到却找到一个枕头，她又急忙跑回家，看到了被放在炕上的孩子。"

黄纬禄讲完这个故事，意味深长地告诫大家："粗心大意害死人，胖大嫂可当不得。"为了杜绝"胖大嫂"现象，黄纬禄为导弹试验制定了严格的工作准则："宁可测试百次，绝不留一个隐患!"要知道，一枚导弹上的元器件有十几万个，要把问题解决得滴水不漏，得付出多大的努力啊。

黄纬禄严谨的科学精神，教育、培养了一大批人，大家把这种一丝不苟的工作作风变成了一整套可操作的规章制度。譬如，产品设计、生产中自检、互检、专检的"三检制"，发射前对事故隐患回想、预想的"双想活动"，产品总装时设计人员、操作人员、检验人员的"三到位"制度等等。

现在，黄纬禄已经从技术领导岗位上退了下来。按说他德高望重，该功成身退享享清福了，可他依然没有闲着，总有人去请教他、向他咨询，他的事业在发展，国家也离不开。就像一颗导弹一样，他永远处于待命的状态。他戏言："这大概是命里注定的吧。"

祖孙同乐

人生的价值在于贡献。

江苏省吴江市人。1918年生。中共党员。核武器技术专家。中国科学院院士。1941年毕业于浙江大学物理系，1946年赴英国爱丁堡大学留学，1948年获博士学位。后任英国皇家化学工业研究所研究员。1950年回国。历任浙江大学、南京大学教授，第二机械工业部核武器研究所副所长，核武器研究院国防科工委核试验基地研究所所长，基地副司令员，科技委常任委员、顾问。现任中国人民解放军总装备部科技委顾问。

他在国内第一个计算出原子弹爆炸的弹心温度和压力，创建了核试验研究所，成功地设计并主持了首次原子弹、氢弹、导弹核武器和增强型原子弹等不同方式的几十次核试验，及时提出向地下核实验方式转变的建议，并在较短的时间里组织实现了大气层实验向平洞与竖井实验的转变。他创立了我国自己的系统核爆炸及其效应理论，开创了核爆炸的测试研究，开辟了抗核加固技术新领域，并完成首次抗加实验。

强国之梦

—— 核武器技术专家程开甲的故事

　　30多年前，在天山山脉的一条无名山谷中，有一座石头和黄土筑成的小屋。在小屋周围的院子里，经常跑着几只正在刨食的老母鸡，一群衣着简朴的人在这里扛着铁锹开荒、翻地，种植土豆和白菜……

　　然而有谁会想到，这就是中国科学院院士、中国核实验基地副司令员程开甲隐姓埋名生活、工作了近二十年的地方。作为中国核试验事业的一位开拓者，程开甲带领着他的核试验队伍在这人迹罕至的荒山野岭中进行了数十次核试验，全部取得了圆满的成功。这小小的无名山谷目睹了科学家们的艰辛和坎坷，也分享着科学家们的成功和喜悦。

回家，回祖国去

程开甲的家乡江苏省吴江县盛

在办公室

泽镇是一个商业重镇，有着悠久的商业传统。祖父经商多年，有了些家产，他最大的愿望就是希望程家能有个读书做官的人。因为父亲连个秀才也未考取，祖父便把希望寄托在孙子身上。孙子还未出世，便取好了名字——开甲，意思是将来有一天名开榜首。

然而时运不济，程开甲的家境变得越来越坏。程开甲出生的那一年，祖父就去世了。他8岁时，父亲也去世了。母亲也被逼走了。程开甲在家中常受冷眼，性情变得胆怯、孤僻。刚上小学时，程开甲的成绩常常倒数第一，特别是在小学二年级时，竟连续留级3年。后来，程开甲不得不转学了。在新的小学里，他对数学、音乐产生了兴趣，学习成绩逐渐好转，并从四年级跳级进入六年级。

1931年，程开甲考取了离家20多公里的秀州中学。这是嘉兴一所有名的教会学校。

从初二开始，程开甲读了很多杰出科学家的人物传记。他最喜欢

程开甲（前排左三）在秀州中学的毕业照

1947年程开甲（后排左一）与导师 M. 玻恩在一起

伽利略、牛顿、爱因斯坦、詹天佑等科学家。这些科学家追求真理、热爱祖国的精神像磁铁一般吸引着他，他渐渐地树立了长大当科学家的理想。

从此，程开甲以科学家为楷模，常常废寝忘食地学习。他能一口气把圆周率背诵到60多位；乘方表和立方表，年愈八旬的他仍能脱口而出。

高中毕业，程开甲考入了浙江大学。当时正值战乱年代，在日本侵略者的枪炮声中，程开甲的大学生活是在从杭州至广西宜山，从宜山到贵州遵义，又从遵义到湄潭的颠沛流离中度过的。

当时，在浙江大学校长竺可桢的影响下，许多著名学者如苏步青、陈建功、束星北、王淦昌等都在浙江大学执教，使程开甲深受教益。他曾师从束星北，学习四大力学，接受严格的数理训练；他曾跟随陈建功研究复变函数的奥妙。他在大学三年级就写出了题为《黎曼基本原理及保角变换》的论文，受到了许多数学家的高度评价，后来论文被收入前苏联的一本《高等数学》教科书。40年代，他曾与王淦昌合作，提出弱相互作用有205个质子重的中间玻色子的猜想，寄给了物理学的权威英国科学家狄拉克。狄拉克亲笔回信认为论文不正确，使文章未能发表。直

285

到20世纪80年代，有关的实验终于证实了论文的正确性和预见性。

1946年8月，程开甲赴英国爱丁堡大学留学，成为M.玻恩（Born）教授的一名研究生。在那里，他每天除去吃饭、睡觉，所有时间都用在课堂上、实验室和图书馆里。同学们都叫他Book（书虫），连房东老太太对这个不爱交际的年轻人也冷言冷语，甚至不无恶意地给他取了又一个外号"奶油冰棒"。他甚至没有功夫去咀嚼这寄人篱下的滋味，屈辱和苦闷都在他的沉默中变成了发愤读书的动力。在两年的留学生涯中，程开甲取得了不少研究成果。他在1948年秋获得哲学博士学位，随后任英国皇家化学工业研究所研究员。

有一天，他在报童激动的叫喊中得到了一个惊人的消息：英国军舰"紫石英号"不顾中国人民解放军的警告，在长江上公然挑衅，阻扰解放军解放南京，结果被解放军的炮火击伤！英国朝野为之哗然！

中国有希望了！过去这么多年总是外国人欺侮中国人，现在中国人也敢还手了！我们也能击败外国人了！走，回家，回祖国去！

1950年8月，程开甲满载着知识与信念，迎着冉冉升起的曙光，踏上了返回故土的航程。他要把自己的一切聪明才智都无私地奉献给满目疮痍的祖国。

白手起家

1960年，程开甲接受了研制核武器的任务。那是我国原子弹研制最艰难的年代：帝国主义国家对我们进行严密封锁，苏联毁约撤走了一切技术援助。面对重重迷雾、道道难关，党中央决定独立自主、自力更生，突破原子能技术的重大难关。当时程开甲作为原子能技术研究的主要负责人，主持了核材料高压状态方程等方面的研究工作，得到了可

1948年程开甲（左）在爱丁堡大学博士毕业

在核武器试验场地

供实用的结果，在核武器理论的开拓性研究中做出了贡献。

1962年夏，中央决定在两年内进行第一颗原子弹试验。在这个紧要关头，程开甲受命负责核试验的总体工作，组建能够进行核试验的技术队伍。

核试验是多学科交叉的大规模的、综合性科学试验，它涉及到多种学科以及各种实验方法和测试手段，是一项非常复杂而艰难的研究任务。当时，我国无论在理论上还是在技术上都是一片空白。核试验的技术队伍如何建立？核试验怎样进行？在

北京一家招待所的两间简陋的房间里，两手空空的程开甲和陆祖荫、祈贤杰、吕敏等专家开始了艰苦的设计和探索。

张爱萍将军来了。面对两张桌子、几把计算尺，张将军鼓励他们说："你们真是白手起家哟，有什么要求你们提出来，我想办法解决。"

作为科研总体负责人，程开甲凭着深厚、全面的理论功底很快理出头绪，抓住关键。在钱三强的具体指导下，程开甲和吕敏、陆祖荫、祈贤杰同志一起，起草了首次核试验的总体方案，确定了核试验所需要的学科和技术力量配置。

在中央的支持下，一个由来自全国各地的具有多学科知识的科技人员组成的核武器试验研究所很快组建起来。

面对第一次原子弹试验中许多

程开甲（左三）在核试验基地场区

1957年程开甲（前排左二）与张蕴钰（前排左三）、张志善（前排左四）等在一起

不清楚的问题，程开甲带领全所同志有针对性地钻研核试验中本质性的理论和技术。他亲自编写教材，亲自讲课，使大家能尽快入门，尽快提高业务水平。经过反复研讨论证，逐步明确了技术指标，将所需解决的问题分为一百多个方面，然后与各军兵种、科研机构和高等院校等30多个单位建立起广泛的协作关系，开展了大规模的联合攻关，研制所需要的各种实验设备和仪器。

那是一个如火如荼的岁月。为了争取时间保证科研质量，程开甲跑遍了分散在全国各地的协作单位，召开了数百次协作会议。每到一个单位，都是由他向该单位明确科研任务，提出技术要求。

说不清多少次彻夜不眠的讨论，数不清多少次风尘仆仆的奔波，记不清多少次时而提心吊胆，时而惊喜万分的发现与探索……在短短两年的时间内，在全国、全军各有关单位的大力协同下，他们终于研制出了一千多台核试验需要的测试、取样、控制用的仪器设备，取得了从无到有的开创性突破，为首次核试验的成功奠定了坚实的技术基础。

"它一定能响，不能不响"

托举原子弹的百米铁塔巍然耸立。铁塔下，一张大大的红纸上写着一个醒目的"响"字。这个字是我国首次核试验总指挥张爱萍将军亲笔书写的，它寄托着全部核试验人员乃至全国人民的期望。

程开甲静静地坐在主控站里，

1995 年在莫斯科大学与朋友交流

第一颗原子弹爆炸试验的计划已经得到毛主席、党中央的批准，原子弹爆炸的"零时"已经由周恩来总理亲自确定——1964 年 10 月 16 日 15 时。

历史，在一分一秒地走向那个伟大的瞬间。在树木掩映的山谷中，

表情似乎很从容。然而，在那貌似平静的神态下，内心却汹涌着巨大的波涛，心跳随着指针的响动而愈加强烈：多年来的工作和心血将接受瞬间的检验。然而，这绝不仅仅是对个人的检验。这是对中国人民的检阅，是对中华民族的检阅！我们要向

全世界宣告，中国人有能力依靠自己的力量，在难以想象的艰苦条件下，攀登世界科学高峰；中华民族摆脱苦难昂首屹立的日子到来了！

程开甲薄薄的嘴唇有些发白，有点发抖。他对着坐在身旁的张蕴钰司令员，又像是自言自语地说："没有理由失败，一定响，一定成功！该想的都想了，该做的都做了，它一定能响，不能不响！"

一切正如预料的那样，罗布泊终于爆发了惊天动地的巨响！我国首次核试验终于成功了！

太极强身

随着原子弹的一声巨响，程开甲的眼睛里涌出了幸福的泪水。多少个不眠之夜换来了一声巨响，换来了一个信念，换来了一个希望！我们不仅打破了西方核垄断的神话，而且核试验的进程和质量远远超出了西方预言家们的想像。据资料记载，法国第一次核试验没有得到任何测试数据；美国、英国和前苏联在第一次核试验中也只得到很少一部分测试数据；而我们在首次核试验中，97%的测试仪器记录数据准确、完整，为核试验的进一步开展奠定了坚实的基础。

我国第一颗原子弹爆炸成功后，周恩来总理在人民大会堂庄严地向全世界宣告："我们能不能自力更生地攀登科学技术高峰，这不仅在国外、而且在国内也是叫世人怀疑的。但是，随着我国第一颗原子弹的爆炸，现在是应该扫清一切自卑感的时候了！"

此后，在程开甲和他的这支核试验队伍的努力下，第一颗氢弹、第一枚导弹核武器、第一次平洞、第一次竖井、第一次增强型原子弹等的试验都在这里取得了圆满的成功。核武器的试制成功，增强了我国的国防实力，确立了我国的国际地位。

1995 年 9 月程开甲（右三）在俄罗斯访问

"无论什么情况下我也要负责"

无论是身着戎装还是身穿便服，无论是在风沙弥漫的试验场，还是在窗明几净的办公室，程开甲看上去总是那么温文尔雅，一派典型的学者风度。接触久了，人们就会发现，在程开甲那平静的外表下，竟蕴藏着那么丰富的想像、那么强烈的激情和那么执着的品格。

按原计划，1964 年的首次核试验采用空爆方式，即用飞机把原子弹投到预定的地点。程开甲对此进行了反复的研究和论证，根据我国发展核武器的实际情况，突破了原有的框框，提出了在百米高塔上做爆炸试验的方案；随后又采纳了有线测制方案，增强了首次核试验的成功系数。

在进一步的空爆试验中，程开甲通过分析和论证，提出了改变飞机飞行方向的投弹方案，确保了试验的成功和投弹飞机的安全。

程开甲是一个勇于创新的科学

与余瑞璜院士在一起

家，同时又是一个工作细致、作风严谨、以身作则的领导者。核试验准备过程的每一个疑点、每一个问题，他都不放过，他认为决不能把任何一个发现的问题带上试验场。

第一次核试验前夕，一条条电缆沟从原子弹爆炸中心铺向各个测试点。一贯严字当头的程开甲提出，向所有的电缆沟垫细沙。这需要几百辆汽车拉沙子，是个不小的工程。有的同志认为"没有必要"这样做。程开甲坚持自己的主张。问题被反映到上层领导那里，领导坚决地说：

"按程开甲教授的意见办。"

第一次进行地下核试验时，程开甲提出采用前封后堵的技术方案，以确保试验安全。有人反对，程开甲依然坚持，寸步不让。那时正值"文革"，他被别人说成"修正主义学术权威"，有时开会就让他搬个凳子坐在帐篷口。程开甲说："我要负责，无论什么情况下我也要负责，我要向周总理负责。"

有一次因为技术问题，程开甲同当时的司令员发生了争执。有人劝程开甲："人家是司令员，你不要和他争了，出了问题他负责。"程开甲说："我不管你是不是司令员，我只看你讲不讲科学。"后来还是按照程开甲的意见办了，试验进行得很顺利。

"我只能喊中国万岁"

从开始筹建核武器研究所直到离开具体的试验工作的二十多年里，程开甲一直是核试验技术工作的主持者和决策者。他策划、主持的几十次各种类型的核试验，全部达到周恩来总理提出的"稳妥可靠，万无一失"的要求，做到了"保响、保测量、保安全、保取样"。究竟是什么力量使他能够几十年如一日对每次试验都精心备至？这实际上与他的性格、能力、品德和信念都有着密切的联系。甚至在已决定调离试验基地时，他还将被称之为"核试验史上的里程碑"的一次试验任务的全部方案做好。

他不仅废寝忘食地投入核试验工作中去，而且以严谨的作风、科学的态度和表率的作用，亲手创建和

为基地采访题词

1997年程开甲在浙江大学百年校庆的报告会上

培养了一支高水平的核试验队伍。他不仅圆满地完成了党和国家交给的重任，而且使我们国家的核试验工作从无到有，一步步走向成熟，为核武器的生产奠定了基础。

科学家朱光亚在写给核试验基地的一封信中说："如果没有你们的艰苦奋斗、坚持攻关和卓有成效的研究与开发工作，很难设想这些年来我们能实现从原子弹到氢弹、从第一代到第二代武器、从天上到地下、从平洞到竖井……等等的发展计划。"

核试验事业是集体的事业，罗布泊的每一次成功，都凝聚着科学群体的奋斗和创造，是许许多多科技工作者的集体成就。当然也饱含着作为主持核试验科研总体工作的程开甲的心血和智慧。

我们怀着崇敬的心情走访了程开甲院士。我们问，作为中国核试验事业的开拓者，您参加了几十次核试验，最难忘的感受是什么呢？

他说："我永远忘不了过去中国被人看不起、受人欺侮的滋味。有了原子弹，中国人才真正挺直了脊梁。

我们为核武器事业而献身，为的是让我们的祖国能硬邦邦地站在世界人民面前。我们做到了……"他还说："能够参加到那样一段波澜壮阔的事业当中去，我感到很荣幸。这种自豪，至今激励我还要干下去。为了祖国的强大，我们愿意发挥自己的全部力量和价值。"

我们问程教授："您如果不回来，在学术上会不会有更大的成就？"他回答："如果不回来，在学术上可能有更大的成就，但绝不可能有现在这样的幸福。因为我现在做的一切都和祖国紧紧联系在一起。""我是一个中国人，我不可能到美国去喊美国万岁，我只能喊中国万岁。我这辈子最大的心愿就是国家强起来，国防强起来。"

正是怀着这样一颗赤子之心，程开甲才毅然抛弃了国外优越的物

伏案疾书

质生活和工作条件回到祖国；正是怀着这样一个理想和信念，程开甲才把自己的身心全部无私地献给了祖国，鞠躬尽瘁，无怨无悔。

今天，天山深处的那道山谷已经恢复了往昔的宁静，小溪依然涓涓不停地流淌。程开甲住过的小屋，只剩下一点残垣断壁，他当年的书房中，也已长起了参天白杨，生机勃勃，郁郁葱葱……

程开甲与陈芳允院士在一起

认真思考，主动请教，博采众长，融会贯通，多换视角，广泛联系，锲而不舍，敢于胜利。

彭桓武

湖北省麻城人。1915年生。物理学家，中国科学院院士。1935年毕业于清华大学物理系，1938年赴英国爱丁堡大学留学，从事固体物理、量子场论等理论研究，获哲学博士学位和科学博士学位。1947年回国，1948年被选为皇家爱尔兰科学院院士。历任中国科学院近代物理研究所副所长，第二机械工业部第九研究所副所长，第九研究院副院长等职。

领导并参加原子弹、氢弹的原理突破和战略核武器的理论研究、设计工作。在中子物理、辐射流体力学、凝聚态物理、爆轰物理等多种学科领域取得了对实践具有重要指导意义的理论成果，并为中国核事业培养了一批优秀人才。

衣带渐宽终不悔

── 物理学家彭桓武的故事

有一位科学家，默默耕耘数十年，桃李满天下。他不仅培养了周光召、黄祖洽这样的著名科学家，而且为我国原子弹、氢弹的试制做出了重要的贡献。而这样一个功勋卓著的大科学家多年来却一直鲜为人知，直到1984年，由他领导和参加的核武器理论设计荣获了国家自然科学一等奖，他才真正走进了人们的视野。

他就是我国理论物理学的重要奠基人之一、两弹功勋彭桓武。

海外游子心系祖国

彭桓武16岁考入清华大学，以博学多才著称于清华。在当时前后几届的毕业生中，彭桓武与王竹溪、林家翘、杨振宁被称为"清华四杰"。1938年，他以优异成绩考上"英庚款"爱丁堡大学理论物理学研究生，师从世界著名理论物理大师马克思·玻恩，取得哲学博士和科学博士两个学位，发表了一系列在世界理论物理学界颇有影响的论文。其中，与

在钱三强纪念会上

297

彭桓武（前排左五）参加首届全国量子生物学讨论会

海特勒、哈密顿合作发表HHP理论，更使其名震世界物理学界。他和玻恩共同荣获爱丁堡皇家学会的麦克杜格尔－布里斯班奖，他还被聘为都柏林高级研究院教授。

一系列出色表现使彭桓武一时间名扬国际物理学界，成为世界理论物理界一颗冉冉升起的新星，在

与吴征凯先生交谈

欧洲科学界赢得了应有的地位。

世界著名物理学家海特勒后来在他的回忆录中写道："同事中最受爱戴的一个是中国人彭桓武。""执著的追求结合着非凡的天才，使他成为同事中最有价值的一个。"

但彭桓武始终没有忘记苦难中的祖国，他两次寻求回国效力。1941年，彭桓武曾打算借道美国返回故土，但因美国歧视性的无理要求而愤然作罢。1947年，彭桓武历经周折，终于回到久别的祖国，从此他的人生翻开了新的一页。

为新中国核事业培养人才

新中国的核事业需要大批人才，彭桓武义不容辞地承担起了培养人才的重任。

他在清华招收理论物理方面的研究生。他带出来的研究生中，黄祖洽成为我国第一座原子反应堆的主要设计者，周光召在"两弹"理论设计中功勋卓著。

除了实行正规教育，彭桓武还以多种方式培训了大量的专业科研人员。1953年到1955年，他在物理所主持了一个核理论的讨论班。为摸清核物理理论和实验研究的状况与趋势，彭桓武与朱洪元、金星南、黄祖洽、邓稼先、于敏等人一起，进行了艰苦的调研，逐步开展原子核物理和粒子物理的研究，填补了我国核理论的空白。1956年，他又在所里举办了反应堆理论训练班。他不仅解答学员们提出的有关核反应堆的理论问题，还解答大量的实际问题、决策问题，为中国培养了第一代反应堆理论研究人员。同年，他为清华大学工程物理系反应堆理论专业授课。他还为教育部举办的讲习班授课，为各大学培训了一批量子力学的师资……

一批批核理论的科技工作者在彭桓武这里吸吮了营养，奔赴了各自的重要的工作岗位。

反应堆与核潜艇动力堆的研制

1957年6月，彭桓武接受了

受勋以后彭桓武（前排左四）与李觉将军（前排左五）及科学家们在清华大学

一项新任务——负责原子能反应堆工程工作。

原子能反应堆，对于大多数年轻的中国科研人员来说是完全陌生的，有些人甚至连起码的常识都不懂。彭桓武就把大家集中在一起，由他亲自做学术报告。他的报告从理论、工艺设计，讲到安装、运转、开堆，知识面广，深入浅出。当时在场的许多科研人员后来都成为我国建造反应堆的中坚力量。

为提高科研工作的效率，彭桓武将物理研究所发展成 16 个研究室和 4 个技术单位。其中堆理论、堆物理、堆材料、热工水力、元件考验及与反应堆有关系的工程单位形成了一条"堆工线"。

在全体同志的辛勤努力下，

彭桓武（左二）与宋任穷（左三）在原子能院钱三强塑像揭幕式上

1958 年 6 月 13 日，我国第一座重水反应堆于 18 点 40 分达到临界开始运转。

彭桓武紧接着又投入到研制核潜艇动力堆的任务当中去。负责该工程的组织领导和堆工程技术方面的工作，并兼任科技领导小组组长。

核潜艇动力堆的设计难度与普通原子反应堆不可同日而语。由于作战需要，对其就有若干特殊要求，

彭桓武在四川题词

如体积小、重量轻，有高度的灵活性（如能随时起动或停止），耐冲击、耐摇摆，尤其要具有高度的安全可靠性。当时，世界上只有美国和前苏联掌握了这项技术，但他们对其严格保密，没有任何技术上的资料可以借鉴。而彭桓武手下的这批年轻人，大部分刚从大学毕业，经验、知识都不足。方案设计又必须适应中国当时的科学技术水平和工业基础的实际情况，这使工程的设计工作更加困难重重。

在困难面前，彭桓武没有低头，他和李毅、孟戈非、连培生等肩负起这一历史使命。不久，一支由二百多名科技工作者组成的科研设计队伍，陆续开展了一整套有关堆工程的科技研究工作。

去吉林大学指导工作

虽然由于国家计划调整，"核潜艇动力堆"工程被迫放缓。但是，1960年6月，"核潜艇动力堆"研究设计者们还是如期拿出了《潜艇核动力方案设计（草案）》。这个方案设计被后来重新上马的研究工作证明是切实可行的。

原子弹理论诞生

1961年4月初，钱三强亲自通知彭桓武参加尖端武器的研制。彭桓武的使命是顶替早期撤走的苏联专家的工作，任核武器研究所第四技术委员会主任。

由于原子弹为尖端机密，没有任何资料，没有条件进行实验，一切有关核武器的重要物理现象、规律及计算方法，都要依靠自己来摸索。

这一次，彭桓武又发挥了自己善于集智攻关的特长。在他的倡导下，理论设计研究室每周一上午开一次专题讨论会。所有的突发奇想，所有的疑义难题都可以在这里提出来，排排队，大家共同探索、解决。卓有成就的著名科学家和初出校门的后辈济济一堂，畅所欲言，各抒己见，真正实行了民主，谁说得对就听谁的。

会议室的黑板，是大伙儿疾思走笔的场所。一个个公式写上去又被擦掉，一个个计算结果得出来又被否定。所有人的积极性都被充分

调动了起来，所有的聪明才智都汇聚到一起。

彭桓武从不以大科学家的身份自居，始终以平等的态度对待年轻人的意见。他特别珍视这些年轻人的工作，深知他们为计算每一个参数所付出的努力。当然，当年轻人对某些问题考虑不周时，他也会毫不客气地提出自己的看法。

他经常随手将一大串公式写在小黑板上，力图从不同的侧面启发年轻人的思路。他鼓励他们要大胆设想，及时从不同的意见中发现每一点有价值的东西。

讨论会之外，那时的彭桓武还养成了一个"串门"的习惯。经常深入到同志们中间，以便随时了解大家的想法。他办公室的大门也是随时向大家敞开的，成了创业者们集思广益的地方。多少次，为了论证一个问题，他在冥思苦想后，又反复同大家探讨，有时甚至争论得口干舌燥，互不相让，但在经过科学、认真的计算、验证后又往往达成一致。

民主、自由的学术氛围，使每个人的聪明才智都在切磋、辨析、诘难中得到最大限度的激发，每一个在争论中诞生的假想、猜测又在一次次的扬弃、修正、补充中经受检验，一个又一个天才般的设想被验证。这预示着一个伟大工程的蓝图正在不断被完善、被描画，成功的曙光已现端倪。

在大量的分析和计算之后，从纷纭的数据之中，一个个在当时文献和资料上找不到的公式终于被列了出来，一个繁复的联立非线性偏微分方程组由这些天才而勤奋的探索者创造出来了。

可是，在当时的条件下，这个方程组几乎不可解！

中科院惟一的万次计算机一星期只给他们用一天，大量的计算工

与学生黄祖洽在居庸关

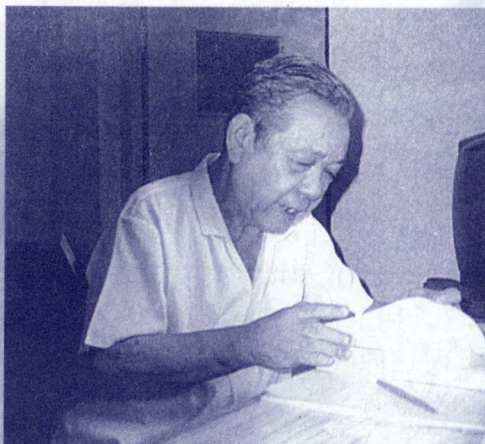

鞠躬尽力

作只有靠一架产自德国的手摇计算机，其计算频率是每秒 10 次。前苏联的乌拉尔电动计算器先进一些，也不过每秒 100 次，算一个除法要分好几步，若算开方，还要查巴罗表。

这时，彭桓武显示出一个成熟的理论物理学家的素质，他运用强有力的理论手段把复杂的方程组予以简化，完成了原子弹反应过程的粗估计算，并科学地划分了反应过程的各个阶段，提出了决定各反应过程特性的主要物理量，为掌握原子弹反应的基本规律与物理图像发挥了重要的作用。此后，理论部的研究人员分兵作战，各自攻克自己面对的堡垒，以期全线突破。

1961 年，从国外归来的周光召，从理论上证明了用特征线法所作的计算结果的正确性，原子弹理论设计终于走出了迷雾。1962 年 9 月，原子弹理论方案终于诞生了。

原子弹的爆炸成功

作为第四委员会主任，彭桓武亲自领导并参加了中子点火装置的研究设计工作。

1963 年秋冬之交在青海高原进行的核装置聚合爆轰试验结果，验证了原子弹理论设计方案的正确性。

现在，万事俱备，只欠原子弹的核心部件 —— 铀芯了。浓缩铀能否如期生产出来，将直接关系到原子弹设计任务的完成。

在北京师范大学给学生做报告

作为核工业部临界安全小组的第一任组长，彭桓武又奉命去兰州浓缩铀厂解决临界安全的问题。

要想制造出浓缩铀，必须先把那些叫作扩散基的设备连接起来。处理的都是可裂变的危险材料，哪怕只有一丁点儿疏忽，就会造成链式反应事故。因此，对于这里的安全，要求做到亿万分之一的程度。

彭桓武的任务就是要保证工厂不出事故。

彭桓武到工厂后，首先熟悉设备，他不懂就向工厂里的工程师询问，和他们共同研究计算哪个环节可能会造成事故。

制造浓缩铀的主要原料是气体，如何运输是一个难题。因为它容易腐蚀机械，从而造成冷却水的泄漏，冷却水又会同气体起反应……如果出现链式反应，后果不堪设想。

光是调查研究，彭桓武就花了整整三天的时间。反复考虑各种各样的可能性。要知道，进行这项工作需要广博的知识：普通物理、普通化学和普通工程学方面的知识都要用到。他又一次显示出精于估算的本领。他和他的助手黄祖洽一起进行了大量的估算和计算，在此基础上，提出监测办法，选择监控点的位置。他提出的原则是：哪里最容易出危险就把监测设在哪里。彭桓武熬了一整夜，一套行之有效的具体方案出台了，最后形成了一整套规章制度。

当1964年新年的钟声敲响的时候，兰州浓缩铀厂终于正式启动投产。1月14日，生产出被人们称为最难以捕捉的铀-235。这是一个辉煌的日子。

我国成为继美国、前苏联、英

朗朗的笑（彭桓武在家中）

国之后，第四个生产出这种产品的国家。

第一颗原子弹的总装即将开始……

核爆前三天，周恩来总理邀请当时在北京的彭桓武、邓稼先、郭永怀等几位核物理学家，乘坐专机一同飞往罗布泊，观看原子弹爆炸实况。

几年的耕耘，终于到了收获的时候。

在距爆心60公里的白云岗指挥所的临时隐蔽堑壕里，彭桓武和其他科学家们及张爱萍、张蕴钰、刘西尧、李觉等领导同志，边听着音乐，边等候那一刻的到来。

距"零时"越来越近了……

终于，广播里传来倒计数的报读声："10、9、8、7、6、5、4、3、2、1，起爆！"

虽然戴着防护眼镜，彭桓武还是感觉到了那强烈的闪光，那令人眩晕、又令人欣喜的闪光！只见铁塔处一个比太阳更大更亮的火球翻滚着向上升腾，一个蘑菇状烟云矗立在场区中心。

原子弹爆炸成功啦！

成功啦！

观察所沸腾了，戈壁滩沸腾了，整个民族都为之震撼了。人们用各种各样的方式欢呼着、庆祝着。叫啊，笑啊，跳啊，有的人情不自禁地

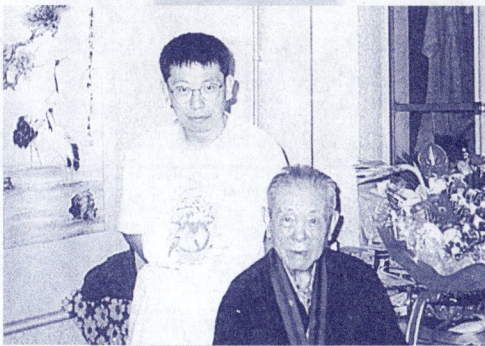

与儿子在一起

从沙丘上滚下，把帽子抛向天空……

可当蘑菇云渐渐消散，周围的一切也渐归平静时，彭桓武却眼底酸涩，突然想哭……

氢弹爆炸成功

早在原子弹理论方案诞生不久，彭桓武就开始率领着他的队伍悄悄地向一个新的课题进发了。

这个新课题就是氢弹。氢弹的威力是原子弹不可比拟的。有人形象地比喻说：原子弹只是氢弹的火柴头。

在彭桓武、朱光亚主持下，邓稼先、周光召组织科技人员总结前一段的研究工作，制定了关于突破氢弹原理的工作大纲：第一步继续进行探索研究，突破氢弹原理；第二步完成质量、威力与核武器使用要求相应的热核弹头的理论设计。

彭桓武以他学术带头人的领导魄力召集各种讨论会，群策群力，让不同的观点、相悖的认识汇集在集体智慧的河流中。经过他的凝聚和升华，最后形成三个方案。彭桓武根据各人不同的研究风格，安排理论部的三位副主任分别带队，展开多路探索。

多路探索，是中国氢弹突破的

与学生黄祖洽

途径，也是彭桓武作为中国核武器理论研究学术领导人的一种领导艺术。

经过半年左右的实验研究，何泽慧小组和于敏小组相继攻克各自的研究课题，氢弹原理方案的关键问题解决了。消息传到理论部，群情振奋。彭桓武、邓稼先马上组织力量，夜以继日地猛追穷究，一番苦干之后，一道道难关被攻克，一个个秘密被揭开。新的理论方案诞生了！

彭桓武以敏锐的判断力，对新方案充满了信心。在一次讨论会上，他豪情满怀地引用了毛泽东主席的名句："为有牺牲多壮志，敢教日月换新天。"他这个学术权威人士的态度，为领导下最后决心加上了一个重要砝码。

罗布泊，多雪的冬天。

1966年11月下旬，冰封雪冻的西部戈壁又一次迎来了参加核试验的大军，理论、设计、试验、生产、

与外国专家在一起

装配，各路人马纷纷汇集到这里，准备进行氢弹原理试验。

罗布泊再一次沸腾起来，热火朝天的各项工作全面展开。科学家、领导者、工人以及解放军官兵汇成罗布泊热火朝天的激动人心的拼搏画面……

彭桓武对成功充满了信心，但在"零时"到来时，他悬着的一颗心几乎提到了嗓子眼，手心也出了汗。

1966 年 12 月 28 日 12 时，氢弹装置按时起爆，强烈的闪光撕裂天宇，蘑菇云翻滚着直冲九霄，雷鸣般的轰响震动天地。

大量的测量数据表明，氢弹原理试验取得了圆满成功，为半年后第一颗氢弹的爆炸做了精采的和成功的预演。

历史不能假设，如果当初彭桓武不是冲破层层险阻回到祖国的话，也许获得诺贝尔奖的名单上将多出一个华裔科学家的名字；而对于中国来说，将绝不仅仅是"两弹一星"的功勋名单上少一个名字那么简单。

1960 年，世界著名理论物理学家玻恩与彭桓武再次相遇时，是以"他是傻瓜"来评价这位中国高足的。

玻恩无论如何也不能明白，虽然彭桓武所做的事业无法使他获得诺贝尔奖，但是它却使一个古老的民族挺起了脊梁，走向辉煌。

迎接新的挑战